MÉTODO DE ESPAÑOL PARA EXTRANJEROS

PRISMA

AVANZA (B2)

PRISMA DEL ALUMNO

Equipo prisma

Edi
numen

NIVEL B2

Equipo prisma: Cristina Blanco, Raquel Blanco, Isabel Bueso, Gloria Caballero, Esther Fernández, Raquel Gómez, Ainhoa Larrañaga, Adelaida Martín, Silvia Nicolás, Carlos Oliva, Isabel Pardo, Marisa Reig, Marisol Rollán, María Ruiz de Gauna, Ruth Vázquez, Fausto Zamora

© Editorial Edinumen

© Autores de este nivel: Gloria María Caballero, Esther Fernández, Raquel Gómez, Ainhoa Larrañaga, Adelaida Martín, Silvia Nicolás, Carlos Oliva, Isabel Pardo, Marisa Reig, Marisol Rollán, María Ruiz de Gauna y Ruth Vázquez
Coordinadora del nivel B2: Ruth Vázquez

ISBN: 978-84-95986-22-1
Depósito Legal: M-17893-2009
Impreso en España
Printed in Spain

Coordinación pedagógica:
María José Gelabert

Coordinación editorial:
Mar Menéndez

Ilustraciones:
Miguel Alcón y Carlos Casado

Diseño de cubierta:
Juan V. Camuñas y Juanjo López

Diseño y maquetación:
Juanjo López

Fotografías:
Archivo Edinumen, Elena Crespo y Fernando Ramos Jr.

Impresión:
Gráficas Glodami. Coslada (Madrid)

Agradecimientos:
A todas las personas y entidades que nos han aportado sugerencias, fotografías e imágenes y, de manera especial, a ASAJA (Asociación Agraria Jóvenes Agricultores), José Antonio Blesa, Chirigota de los Carapapa, Dr. Pablo Gili Manzano, Manos Unidas, Manuel Martí, Carlos Ortiz, Residencias Asistidas "Imperial" y a la Corporación de Promoción Turística de Chile por las fotografías *Atardecer en Rano Raraku* de Norberto Seebach (págs. 169 y 178), *Valle de La Luna, Glaciar Pío XI* y *Santiago* de Augusto Domínguez (pág. 178).

Instituto Cervantes

Este método se ha realizado de acuerdo con el Plan Curricular del Instituto Cervantes, en virtud del Convenio suscrito el 3 de agosto de 2001

La marca del Instituto Cervantes y su logotipo son propiedad exclusiva del Instituto Cervantes

Editorial Edinumen
José Celestino Mutis, 4. 28028 - Madrid
Teléfono: 91 308 51 42
Fax: 91 319 93 09
e-mail: edinumen@edinumen.es
www.edinumen.es

introducción

PRISMA es un método de español para extranjeros estructurado en **6 niveles: Comienza (A1), Continúa (A2), Progresa (B1), Avanza (B2), Consolida (C1)** y **Perfecciona (C2)**, según los requerimientos del *Marco de referencia europeo* y del *Plan Curricular del Instituto Cervantes*.

El *Marco de referencia europeo* nos proporciona una base común para la elaboración de programas de lenguas, orientaciones curriculares, exámenes, manuales... en toda Europa. Describe de forma integradora lo que tienen que llevar a cabo los estudiantes de lenguas con el fin de utilizar una lengua para comunicarse, así como los conocimientos y las destrezas que deben desarrollar para poder actuar de manera eficaz y el contexto donde se sitúa la lengua. El *Marco de referencia* define, asimismo, niveles de dominio lingüístico que permiten comprobar el progreso de los alumnos en cada fase del aprendizaje. Al ofrecer una base común para la descripción explícita de los objetivos, el contenido y los métodos, el *Marco de referencia* favorece la transparencia de los cursos, los programas y las titulaciones, fomentando de esta forma la cooperación internacional en el campo de las lenguas modernas.

PRISMA aúna diferentes tendencias metodológicas desde una perspectiva comunicativa, con lo cual se persigue atender a la diversidad de discentes y docentes. El objetivo general de **PRISMA** es dotar al estudiante de las estrategias y conocimientos necesarios para desenvolverse en un ambiente hispano en el que convergen diferentes culturas a uno y otro lado del Atlántico.

PRISMA Avanza (B2) se compone de **PRISMA del alumno** (150 horas lectivas), **PRISMA de ejercicios** (60 horas), **PRISMA del profesor** (60 horas) y doble **CD** de audiciones.

En **PRISMA Avanza (B2, avanzado)**, el estudiante puede argumentar eficazmente y desenvolverse con soltura en un discurso, además de adquirir un nuevo grado de conciencia de la lengua. El alumno aprende a:

- Explicar su punto de vista sobre un asunto de actualidad, exponiendo las ventajas y desventajas de varias opciones y expresar hipótesis.
- Utilizar mecanismos de cohesión para enlazar con fluidez frases y usar con eficacia una variedad de palabras de enlace para marcar claramente la relaciones existentes entre las ideas.
- Tomar el turno de palabra y mantenerlo mientras prepara lo que va a decir.
- Adaptarse a los cambios de estilo y de énfasis que se dan normalmente en una conversación.
- Corregir errores y equivocaciones que den lugar a malentendidos.

A través de las actividades presentadas en los diferentes ámbitos (personal, público, profesional y educativo), se conduce al estudiante a adquirir una competencia comunicativa propia de su nivel (tanto en la lengua oral como en la lengua escrita) para:

- Comprender discursos y conferencias e incluso líneas argumentales complejas siempre que el tema sea relativamente habitual.
- Comprender noticias y programas de los medios de comunicación, así como películas en las que hablan en dialectos normalizados.
- Leer artículos e informes relativos a problemas contemporáneos en los que los autores adoptan posturas y puntos de vista concretos.

- Comprender prosa literaria relevante.
- Interactuar con cierta fluidez y espontaneidad frente a los nativos.
- Tomar parte activa en debates, defendiendo los propios puntos de vista.
- Presentar oralmente descripciones amplias y detalladas sobre temas de su especialidad.
- Escribir textos claros y detallados transmitiendo información o proponiendo motivos que apoyen o refuten un punto de vista concreto.
- Redactar informes y escribir cartas que resaltan la importancia personal de hechos y experiencias.

Cada unidad didáctica tiene autonomía, pero recoge contenidos gramaticales, léxicos y funcionales de unidades anteriores (retroalimentación). Cada actividad va acompañada de unos iconos que marcan la destreza que se va a trabajar (leer, escribir, escuchar, hablar), así como la distribución de clase sugerida por los autores (solo, parejas, grupos pequeños, grupo de clase), también aparece un icono cuando se requiere una explicación del profesor (siempre presente en el libro del profesor) o un juego.

PRISMA del alumno consta de doce unidades más dos de repaso y abarca unas **150** horas lectivas.

Cada unidad didáctica se desarrolla atendiendo a:
- **Integración de destrezas:** una gran parte de las actividades están planteadas para llevarse a cabo en parejas o grupo, con el fin de potenciar la interacción, la comunicación y la interculturalidad.
- **Hispanoamérica:** se deja sentir en los contenidos culturales que aparecen en textos y audiciones, lo que permite hacer reflexionar al estudiante sobre la diversidad del español, como lengua y como prisma de culturas.
- **Gramática:** se presenta de forma inductiva y deductiva para que los estudiantes construyan las reglas gramaticales basándose en su experiencia de aprendizaje o dando una regla general que deben aplicar, dependiendo de la frecuencia, rentabilidad o complejidad de los contenidos.
- **Autoevaluación:** se sugieren tanto actividades conducentes a que el estudiante evalúe su proceso de aprendizaje, como actividades que potencien y expliciten las estrategias de aprendizaje y comunicación.

PRISMA del profesor abarca unas **60** horas lectivas y recoge:
- **Propuestas, alternativas y explicaciones** para la explotación de las actividades presentadas en el libro del alumno, prestando especial atención al **componente cultural y pragmático**, con el fin de que el estudiante adquiera un aprendizaje global.
- **Fichas** fotocopiables, tanto de refuerzo gramatical como para desarrollar situaciones comunicativas o tareas, dentro y fuera del aula, para que el estudiante tome conciencia de la diferencia de los intereses individuales, de su visión del mundo y, en consecuencia, de su aprendizaje. Así pues, pueden ofrecerse al estudiante de manera alternativa, según sus necesidades e intereses.
- **Material para transparencias** de apoyo para el proceso de enseñanza/aprendizaje.
- **Apéndice de fonética correctiva** con ejercicios prácticos.
- **Transcripciones** de las audiciones.
- **Claves** de los ejercicios.

Equipo prisma

índice de contenidos

Nota: se incluyen los contenidos culturales tanto de PRISMA del alumno como de PRISMA del profesor.

En el método se han usado los siguientes símbolos gráficos:

 Trabajo individual

 Hablar

 Audio
[1] [Número de la grabación]

 Trabajo en parejas

 Escribir

 Léxico

 Trabajo en pequeño grupo

 Leer

 Profesor

 Trabajo en gran grupo o puesta en común

 Jugar

Tareas para realizar en casa

Unidad 1

Hospital de la Santa Creu i Sant Pau, Barcelona

Contenidos funcionales
- Pedir y dar consejo
- Pedir o exigir formalmente
- Constatar la realidad y emitir juicios de valor

Contenidos gramaticales
- Pretérito imperfecto de subjuntivo: morfología
- Contraste presente/imperfecto de subjuntivo
- Correspondencia de tiempos indicativo/subjuntivo
- Oraciones impersonales con indicativo/subjuntivo

Contenidos léxicos
- La salud
- Prevenciones sanitarias para viajar

Contenidos culturales
- Arquitectura modernista catalana
- El sistema sanitario español
- Colombia
- Literatura: Pío Baroja

¿Y **si fueras** al médico?

1.1. Compara estas situaciones, reflexiona y completa el cuadro.

	Viñeta 1	Viñeta 2
1. ¿Cuándo se produce la acción?		
2. ¿Quiénes son los protagonistas?		
3. ¿Dónde se desarrolla la acción?		
4. ¿Qué funciones se utilizan?		
aconsejar		
pedir o exigir		
permitir		
opinar		
influenciar		

1.1.1. Contesta a estas preguntas.

• En la viñeta 1, cuando el doctor le da las pautas a seguir, utiliza un tiempo verbal que probablemente conoces, ¿cómo se llama?

....

• Escribe las formas de ese tiempo verbal.

....

• En la viñeta 2, cuando el chico transmite a su amiga lo que le ha dicho el médico, utiliza otro tiempo verbal, ¿lo conoces?, ¿cómo se llama?

....

• Escribe las formas de ese tiempo verbal.

....

Pretérito imperfecto de subjuntivo regular

	-AR		-ER		-IR	
Yo	practicara	practicase	bebiera	bebiese	saliera	saliese
Tú	practicaras	practicases	bebieras	bebieses	salieras	salieses
Él/ella/usted	practicara	practicase	bebiera	bebiese	saliera	saliese
Nosotros/as	practicáramos	practicásemos	bebiéramos	bebiésemos	saliéramos	saliésemos
Vosotros/as	practicarais	practicaseis	bebierais	bebieseis	salierais	salieseis
Ellos/ellas/ustedes	practicaran	practicasen	bebieran	bebiesen	salieran	saliesen

- Como se puede observar, cada conjugación tiene dos formas. Sin embargo, no existe ninguna diferencia gramatical entre ellas por lo que se pueden utilizar indistintamente, aunque es más frecuente el uso de la primera forma *(practicara)*.

- El pretérito imperfecto de subjuntivo puede tener un valor temporal de PRESENTE, PASADO o FUTURO, dependiendo del valor temporal del verbo al que acompañen:
    - *Quería que te quedaras a trabajar conmigo hasta las ocho, ¿te importa?* → presente de cortesía
    - *Ayer mi amigo quería que le acompañara a su casa en coche.* → pasado
    - *Ayer el médico me dijo que, dentro de un mes, empezara a practicar algún deporte.* → futuro

1.1.2. 👤 ✏️ **Completa la siguiente tabla de verbos irregulares en pretérito imperfecto de subjuntivo.**

Pretérito imperfecto de subjuntivo irregular

Este tiempo se forma a partir de la 3.ª persona del singular del pretérito indefinido de indicativo.

INFINITIVO	PRETÉRITO INDEFINIDO	PRETÉRITO IMPERFECTO DE SUBJUNTIVO	
poner	puso	pusiera	pusiese
dormir	durmió	durmiera	durmiese
conducir	condujo	condujera	condujese
preferir	~~prefieron~~ prefirieron	prefiriera	prefiriese
pedir	pidieron	pidiera	pidiese
morir	murieron	muriera	muriese
querer	quisieron	quisiera	quisiese
hacer	hicieron	hiciera	hiciese
saber	supieron	supiera	supiese
tener	tuvieron	tuviera	tuviese
oír	oyeron	oyera	oyese
huir	huyeron	huyera	huyese
construir	construyeron	construyera	construyese
caber	cupieron	cupiera	cupiese
ser / ir	fueron	fuera	fuese
estar	estuvieron	estuviera	estuviese

1.2. Rocío, la amiga de Raúl, siempre ha sido un poco hipocondriaca y por eso se preocupa no solo por su salud, sino también por la de sus amigos. Un día, leyó esta sección de salud de una revista y la recortó para comentarla con sus amigos.

EL ESPECIALISTA ACONSEJA
para toda la familia

Doctor Castillo de la Iglesia

Envíanos tus dudas y consultas a: **El especialista aconseja**, y el doctor Castillo de la Iglesia contestará a tus preguntas.

Nuestra salud
C/ Piamonte, 7. 28004 Madrid

Rayos UVA

He empezado hace dos meses mi carrera como modelo, tengo la piel muy delicada y en el trabajo nos han pedido que nos bronceemos un poco para un desfile y una sesión fotográfica que tendremos dentro de una semana. Mi duda es que no sé qué es más peligroso: si tomar el sol varias horas durante un fin de semana o recibir sesiones de rayos UVA. **¿Usted qué haría?**

Alicia. Valencia

Normalmente, la exposición prolongada al sol puede producir efectos nocivos en nuestra piel; por lo tanto, **yo en tu lugar sería prudente**, especialmente los dos o tres primeros días. Por otro lado, los rayos UVA solo dan un color pasajero que dura de tres a veinticuatro horas. Además, su poder de penetración en la piel es muy peligroso. Son los mayores responsables del envejecimiento prematuro, manchas, arrugas, etc. Existe la posiblilidad de utilizar los bronceadores sin sol que son muy efectivos e inocuos para la salud. En resumen, **no deberías tomar** el sol en exceso y si lo haces, debe ser con la protección adecuada.

Problemas estomacales

Hace siete meses que sufro dolores de estómago y estoy perdiendo peso. He ido al médico de cabecera y he seguido el tratamiento que me ha mandado, pero sin resultados. Hace unos días, una compañera de trabajo me habló de los métodos homeopáticos y de su efectividad. Sin embargo, yo tengo muchas dudas acerca de esta ciencia sobre la que he oído todo tipo de comentarios. **¿Qué piensa que es mejor?**

Fermín. Zaragoza

Es mejor que aclaremos ante todo que existen diversos tópicos sobre la homeopatía. Aunque sigue alejada de la medicina convencional, ya existe una titulación oficial que permite a un homeópata colegiarse en España. De cualquier forma, **sería aconsejable que tuvieras** la información adecuada. La homeopatía puede ayudarte a mejorar, pero no te aseguro tu curación completa. **¿Y si fueras** al especialista para solucionar tus problemas de estómago?

Problemas de estrés

Soy director de una empresa de telefonía móvil, y ello me obliga a tener una agenda muy apretada. En los últimos meses he notado que mi carácter no es el mismo, me enfado con facilidad, estoy más nervioso, solo siento un gran cansancio mental al final del día y, además, noto que mis músculos se están atrofiando. Antes, disponía de más tiempo y practicaba golf y natación, ahora, no sé qué deporte puede liberarme del estrés y al mismo tiempo no quitarme demasiado tiempo. **¿Cuál considera que es más apropiado?**

Rodrigo. Córdoba

En principio, cualquier deporte tiene una indudable utilidad para preservar la salud. En tu caso, y teniendo en cuenta tu problema de tiempo, **te sugeriría que practicaras gimnasia** de mantenimiento tres veces por semana. Los especialistas **recomiendan que estos ejercicios se practiquen** de forma regular ya que están enfocados a la tonificación muscular y, al mismo tiempo, favorecen la actividad mental. Por todo ello, son los más adecuados para combatir el estrés.

1.2.1. 👥 ✏️ **Extrae de los tres textos las estructuras que se usan para pedir y dar consejo y clasifícalas en el siguiente cuadro. Extrae también del texto los ejemplos.**

- **Pedir consejo**

  - ¿Qué me aconsejas?
  - ¿Qué me recomiendas?
  - ~~¿Usted~~ ¿Usted que haría?
  - ¿Que piensa que es mejor?
  - ¿Cuál considera que es más apropriado?

- **Dar consejo**

  → a. • Recomendar, aconsejar, sugerir + *que* + SUBJUNTIVO
    - ~~Recomiendo que lleves la leche solar~~
    - Sugiero que ~~te~~
  • CONDICIONAL + recomendable, aconsejable... + *que* + Pret. Imp. Subj.
    - Sería recomendable que aconsejable tuvieras

  b. • ¿Y si + PRESENTE DE INDICATIVO?
    - ¿Y si te apuntas a yoga?
  • ¿Y si + Pret. Imp. Subj. ?
    - ¿Y si fueras un especialista?

  c. Imperativo
    Concha: *Me han ofrecido otro trabajo, pero no sé qué hacer.*
    Daniela: *No lo dudes, acéptalo.*

  d. *Deber* + INFINITIVO
    - Deberías tomar el sol

  e. *Tener que* + INFINITIVO
    - *Tienes que hablar con el director y plantearle los problemas que tanto te preocupan.*
    - *Luis tendría que hablar más despacio. Los alumnos no lo entienden.*

  f. • *Si yo fuera tú/usted*
     • *Yo que tú/usted*   } + CONDICIONAL
     • Yo en tu lugar
    - *Si yo fuera tú me haría unos análisis de sangre.*
    - *Yo que usted practicaría más deporte.*
    - Yo en tu lugar sería prudente

1.2.2. 👤 🎧 **Ahora, vas a escuchar un diálogo de un programa de radio al que Rocío llamó hace**
[1] **tiempo para hacer una consulta. Anota los consejos que le dio el doctor Carrascosa.**

1. Abuso de medicamentos

2. Ejercicio físico

3. Alimentación

1.2.3. ¿Qué consejos le darías tú a Rocío?

1.2.4. A continuación, tienes unas palabras relacionadas con la actividad siguiente. Defínelas con tus palabras. Puedes usar el diccionario si no conoces su significado.

[handwritten: temporalmente]

[handwritten: wart] Verruga *[handwritten: un lugar en la piel abultado]*

Seguridad Social *[handwritten: Una institución del gobierno que paga para el médico]*

[handwritten: sin voz] Afónico *[handwritten: Una enfermedad que para la voz]*

[handwritten: dolores musculares] Contractura *[handwritten: una contracción de sus músculos y hace daño]*

[handwritten: breath] Aliento *[handwritten: dificultades para respirar tener mal aliento]*

[handwritten: migraine] Jaqueca *[handwritten: es un dolor de la cabeza muy violento]*

[handwritten: allergic reaction] Urticaria *[handwritten: una reacción alérgica de la piel que puede resultar de comida, animales, o las plantas]*

[handwritten: itch] Picor *[handwritten: es una irritación de la piel (hay algo adentro) · sensación]*

1.2.5. Pide consejo a tu compañero en las siguientes situaciones. Luego, dale consejos sobre lo que te plantea y justifícalo.

Ejemplo:

Alumno A: *Últimamente no puedo dormir bien, estoy nervioso y me despierto continuamente.*

Alumno B: *Pues te aconsejo que tomes una infusión de valeriana una hora antes de acostarte. Ya verás cómo te relaja y te quita tensiones.*

alumno a

1. Te han salido verrugas en la piel y no sabes si recurrir a la medicina natural o a la científica.
2. Tienes que vivir en un país extranjero durante dos años. Necesitas un seguro médico, ¿seguro privado o Seguridad Social?
3. Estás afónico, ¿remedios caseros o medicamentos?
4. Tienes una contractura muscular, ¿masajes o natación?

alumno b

1. Padeces de urticaria crónica desde hace tiempo y no aguantas los picores.
2. Tienes mal aliento desde hace unos meses y te preocupa que afecte a tu vida personal y profesional.
3. Sufres jaquecas muy a menudo y esto te impide llevar una vida normal.
4. Se te está cayendo el pelo incluso en las épocas en que no es frecuente, ¿dermatólogo o peluquero?

[handwritten margin: 4 consejos]

2.1.  ¿Has estado alguna vez en Colombia? Si no es así, ¿qué dificultades crees que podrías tener a la hora de viajar a este país? ¿Qué precauciones deberías tomar?

2.1.1. Lee ahora esta ficha de información general sobre Colombia y confirma si las suposiciones que habéis hecho son correctas.

Nombre oficial: República de Colombia.

Área: 1 141 748 km².

Límites: al norte, con el mar Caribe; al este, con Venezuela y Brasil; al sur, con Perú y Ecuador; al oeste, con el océano Pacífico; y al noroeste, con Panamá.

Capital: Santafé de Bogotá, D.C. El clima de esta ciudad es templado, con un promedio de 14,4 °C (58°F). Tiene variaciones considerables de temperatura; durante el día hace 18 °C y aún más, cuando hay sol; en la noche baja a 9 °C o menos, según la época del año.

Idioma oficial: el idioma oficial es el español.

Flor nacional: orquídea Flor de Mayo.

Moneda: peso. Es posible cambiar dólares en efectivo en la calle, pero no se recomienda hacerlo. Las tarjetas de crédito (Visa es la más generalizada) son válidas para alquilar coches, comprar billetes de avión y pagar la cuenta en la mayoría de los hoteles y restaurantes de alta categoría.

DOCUMENTOS: los visitantes procedentes de Australia, de Nueva Zelanda, de la mayoría de los países europeos y de Estados Unidos no necesitan visado si permanecen menos de 90 días en el país en calidad de turistas. Los viajeros de otras nacionalidades deben consultar con el consulado colombiano la situación de los visados antes de partir.

VACUNAS: no se exige ninguna vacuna para entrar en Colombia.

DIVISAS: el ingreso de monedas locales y extranjeras es ilimitado, y debe declararse a la llegada. Los visitantes extranjeros pueden sacar divisas sin restricción.

a pasar de este problema

TRANSPORTE: hay 74 aeropuertos, de los cuales cinco son internacionales: Bogotá, Medellín, Cali, Barranquilla y Cartagena. El sistema montañoso dificulta el transporte por carretera, *pese a lo cual* existe una importante red viaria. Las principales ciudades están conectadas por buenas vías; en regiones más apartadas de las principales rutas puede haber tramos en estado deficiente, sobre todo en épocas de lluvia. Para recorridos terrestres se puede optar por tours organizados por las agencias de viajes, servicio público de autobuses intermunicipales o alquiler de automóviles.

SALUD: Problemas más comunes: mal de altura, problemas estomacales, malaria en algunas zonas de selva, dengue. Se sugiere abstenerse de consumir agua de los grifos; lo óptimo es tomarla embotellada. Urgencias médicas y servicios de salud: la red de atención en salud preventiva y curativa en Colombia es bien completa, pues los servicios médicos de urgencias son de calidad y cuenta con especialistas en los diferentes campos de la medicina durante las 24 horas del día. Es importante tener un seguro de asistencia internacional; cuando tenga una urgencia procure recurrir a la Cruz Roja o a clínicas privadas. Los centros de salud y hospitales públicos pueden ser utilizados en casos de extrema necesidad.

Adaptado de: www.uniandes.edu.co/Colombia/General/general.html / www.turiscolombia.andes.com/salud_colombia.html

2.2. 👤 ✏️ **Rocío se va de vacaciones a Colombia. Está buscando un hotel y, al leer esta información, escribe un correo a la agencia de viajes, pidiéndole que tenga en cuenta una serie de requisitos a la hora de reservar el hotel para no encontrarse con problemas durante su estancia.**

Para exigir o pedir formalmente

- Me gustaría que
- Sería conveniente que
- Les pediría que ⎱ + IMPERFECTO DE SUBJUNTIVO
- Les agradecería que ⎰

- ¿Le importaría que + IMPERFECTO DE SUBJUNTIVO?

REQUISITOS

- Hospital cercano.
- Climatización.
- Agua envasada.
- Mosquitero.
- La habitación lejos de discotecas.
- Uso de tarjeta de crédito dentro del hotel y cambio de moneda.
- Limpieza diaria.
- Excursiones organizadas por el hotel y medios propios de transporte.
- ...

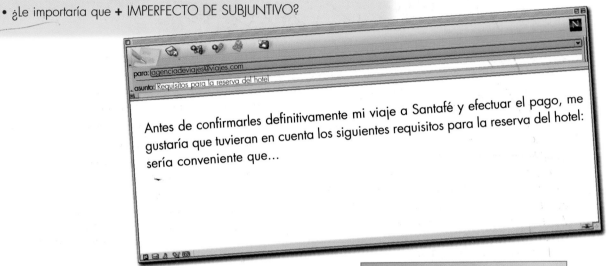

para: lagenciadeviajes@viajes.com
asunto: Requisitos para la reserva del hotel

Antes de confirmarles definitivamente mi viaje a Santafé y efectuar el pago, me gustaría que tuvieran en cuenta los siguientes requisitos para la reserva del hotel: sería conveniente que...

3 Las técnicas avanzan que es una barbaridad

3.1. ❓ **BLA** **¿Sabes para qué se utiliza este dispositivo en medicina? ¿Alguna vez te lo han tenido que aplicar? Cuenta a tus compañeros tu experiencia.**

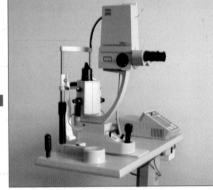

3.2. 👥 **A͞B** **Relaciona las palabras de la columna de la izquierda con su significado correspondiente de la columna de la derecha.**

1 Indoloro D
2 Bisturí F
3 Mascarilla I
4 Mejilla J
5 Lesión A
6 Tumor H
7 Cicatriz C
8 Incisión B
9 Cataratas G
10 Benigno E

a. Daño corporal. _dolor de cuerpo_
b. Pequeño corte que se hace al operar.
c. Marca o señal que queda tras cerrarse una herida.
d. Que no hace daño.
e. No dañino, no grave.
f. Especie de cuchillo que usan los médicos para cortar.
g. Enfermedad de los ojos por la que se ve borroso.
h. Bulto o hinchazón en alguna parte del cuerpo.
i. Máscara que cubre boca y nariz para evitar infecciones.
j. Parte de la cara debajo de los ojos a ambos lados del rostro.

scar (junto a 7 Cicatriz)

cara

3.2.1.  **Antes de leer el texto, di si estás de acuerdo con las afirmaciones que se presentan a continuación. Comprueba si después de la lectura coinciden.**

Antes de leer		Afirmación	Después de leer	
V	F	**1.** El láser dermatológico siempre representa un riesgo para la salud.	V	X
V	F	**2.** Únicamente es efectivo para el campo de la oftalmología.	V	X
V	F	**3.** El coste del láser es más alto que el de la cirugía convencional.	V	X
V	F	**4.** Hay diferentes grados de peligrosidad según el tipo de láser.	X	F
V	F	**5.** Su uso es indispensable en las operaciones de estética.	X	F
V	F	**6.** Algunos tipos de cáncer admiten el uso del láser, no la cirugía.	X	F
V	F	**7.** Siempre que se aplica el láser es necesaria también la aplicación de anestesia.	V	X

3.2.2.

LÁSER: ¿Qué puede hacer por ti?

Este sorprendente invento americano ha conseguido que sea imprescindible su uso en especialidades médicas como dermatología, neurocirugía, odontología, oftalmología, oncología o estética.

El láser en cirugía es un instrumento que permite que se realicen intervenciones cada vez más seguras y menos traumáticas. Las operaciones y tratamientos realizados con láser reducen el periodo de recuperación y el posoperatorio del paciente. El coste de las operaciones resulta más barato que el de la cirugía convencional.

El láser, además de ser rápido e indoloro, no representa riesgos para la salud en el caso de los problemas dermatológicos. En algunos casos se requiere que se aplique anestesia local, pero no necesita que haya cuidados especiales después del tratamiento.

Algunas de las lesiones dermatológicas más comunes tratadas con láser son:

· Lesiones faciales rojas que aparecen alrededor de la nariz y de las mejillas causando una mancha rosácea.

· Manchas de nacimiento rojas que crecen al nacer y pueden comprometer la función de otro órgano vital.

· Verrugas, pequeños tumores benignos de la piel, que usualmente aparecen en manos, pies o genitales.

· Cicatrices rojas o abultadas, causadas por operaciones, traumatismos, acné...

En oftalmología es muy efectivo en cataratas, miopía y astigmatismo.

Entre sus ventajas, permite actuar dentro del ojo sin dañar el resto de la estructura ocular. Con el rayo láser llegamos al sitio exacto donde queremos intervenir. Antes, cuando querías hacer lo mismo, tenías que abrir el ojo con un bisturí y hacer una incisión. Implicaba más complicaciones.

En la aplicación del láser en los casos de cáncer se recomienda que se tomen una serie de precauciones. Según el Dr. Capela Fernández: "Todas las salas de operaciones deben poder cerrarse por dentro, ya que los láseres tipo 4, son los más peligrosos. Además, las normas de seguridad aconsejan que se usen unas gafas específicas con poder de filtración muy superior a las normales".

El cáncer de esófago no admite cirugía, y eso hace que solo sea posible tratarlo a través del láser.

Adaptado de la revista *Saber vivir*, Karmen Pascual, 2004.

Correlación de tiempos indicativo-subjuntivo

- Presente de indicativo
- Pretérito perfecto de indicativo
- Futuro simple de indicativo
- Imperativo

➡ Presente de subjuntivo

– Mi profesor **me aconseja** que **estudie** más.

- Pretérito imperfecto de indicativo
- Pretérito indefinido de indicativo
- Condicional simple

➡ Pretérito imperfecto de subjuntivo

– Mi profesor **me aconsejó** que **estudiara** más.

3.2.3. 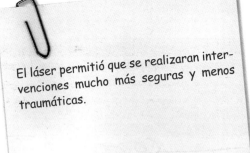 Fíjate en la fecha de publicación del artículo. Como dice el epígrafe, las técnicas avanzan que es una barbaridad. Teniendo esto en cuenta, resume el artículo desde la perspectiva temporal del año 2060.

El láser permitió que se realizaran intervenciones mucho más seguras y menos traumáticas.

4 ¿Seguro público o privado?

4.1. A continuación, tienes una serie de características que describen el sistema sanitario según sea público o privado. Clasifica estas características en la columna correspondiente.

- Es gratuito
- No hay listas de espera
- Habitaciones individuales para los enfermos
- Masificado
- Trato más personalizado

- Más disponibilidad de médicos especialistas
- Más medios técnico-quirúrgicos
- Mayor cobertura médica
- Menos tiempo de espera en urgencias
- Medicamentos con recetas más baratos

Seguridad Social	Seguro privado

4.2. 👤🎧 Ahora vas a escuchar al **Ministro de Sanidad**, a un **usuario del sistema sanitario** y
[2] a la **directora general de ARESA** (una compañía de seguros). Valoran las ventajas
e inconvenientes de la Seguridad Social (S. S.) y los seguros privados. Estas son
sus opiniones. Toma nota de las ideas principales que expone cada uno de ellos.

Javier Aguirre,
Ministro de Sanidad

Felipe Rodríguez,
usuario de la S. S.

Rocío Serrano,
directora de ARESA

4.2.1. 👥🗨️ **¿Cuál es vuestra opinión sobre este tema? ¿Seguridad Social o seguro privado?
Argumentad vuestras respuestas.**

4.2.2. 👤⬤ En la audición aparecen algunas expresiones que no están en el siguiente cua-
[2] dro. Vuelve a escuchar y complétalo, según constaten una realidad o emitan un
juicio de valor. Primero, en la cabecera del cuadro, escribe a qué función de las
mencionadas pertenecen las expresiones.

• Es seguro	• Está demostrado	• Es lógico	• Es fundamental
• Es obvio	• Está comprobado	• Es normal	• Es horrible
• Es cierto	• Está visto	• Es una pena	• Es obligatorio
• Es indudable		• Es malo	• Es importante
		• Es probable	

4.2.3. 👥✏️ **Completa:**

Las expresiones que **constatan una realidad** se construyen con .... y
las que sirven para **dar una opinión o emitir un juicio de valor** con ....

4.2.4. 👫 ◆ Según la información que tienes, ¿podrías decir cómo son la Seguridad Social y un seguro privado en España? ¿Sucede lo mismo en tu país? Compáralos y coméntalo con tus compañeros, utilizando las expresiones del ejercicio anterior. Vuestro profesor os dará información sobre el sistema sanitario español.

_____

_____

_____

_____

4.3. 👤 🖼 ¿Qué le aconsejarías al Ministro de Sanidad de tu país para conseguir un sistema sanitario eficiente?

AUTOEVALUACIÓN   AUTOEVALUACIÓN   AUTOEVALUACIÓ

1. Traduce estas frases a tu lengua.

a. Es importante que tengas un buen seguro médico cuando viajes.

....

b. Es lógico que no viniera ayer a la fiesta, estaba hecho polvo.

....

c. Me gustaría que me informaran de las actividades que ofrece su hotel.

....

d. Les agradecería que me dijeran si en las habitaciones hay un botiquín de primeros auxilios.

....

e. Es mejor que no bebas antes de conducir.

....

f. Te aconsejo que escribas al hotel para informarte.

....

1.1. ¿Cómo has traducido los subjuntivos?

☐ a. Con otro modo   ☐ b. Con marcadores especiales

☐ c. Con ....

2. En esta unidad se ha dedicado un espacio especial al vocabulario de la salud. Escribe:

a. 10 palabras o expresiones relacionadas con la salud.

....

....

b. 3 especialidades médicas.

....

....

3. Piensa y escribe:

a. Lo más interesante de esta unidad ....

b. Lo más confuso de esta unidad ....

c. La actividad más fácil ....

d. La actividad más difícil ....

AUTOEVALUACIÓN   AUTOEVALUACIÓN   AUTOEVALUACIÓ

Unidad 2

Colegio Público Rural Agrupado, Ariño-Alloza, Teruel

Contenidos funcionales
- El discurso referido en pasado
- Reproducir una conversación
- Expresar sorpresa, incredulidad e indiferencia
- Transmitir y resumir una información

Contenidos gramaticales
- El estilo indirecto
- Correlación de tiempos

Contenidos léxicos
- Nuevos medios de comunicación: foro, *chat*, correo electrónico y SMS

Contenidos culturales
- Nuevas tecnologías en la educación: la escuela del futuro
- Usos de la telefonía móvil en el contexto sociocultural en España

1 Tienes un e-mail

1.1. Ana trabaja en la redacción de la revista *Contemporánea*. Hoy es lunes y, como cada día, empieza su jornada laboral leyendo los mensajes que tiene en su correo electrónico. Este es uno que su jefa le escribió el viernes.

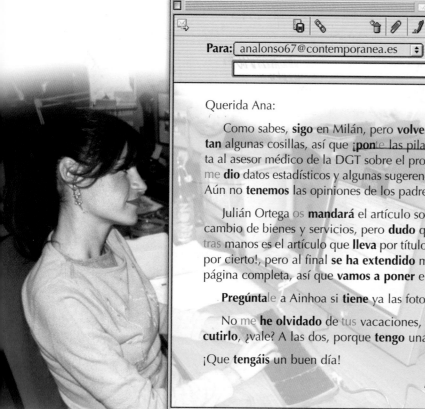

Para: analonso67@contemporanea.es

Querida Ana:

Como sabes, **sigo** en Milán, pero **volveré** el lunes. El martes **es** día de cierre y aún nos **faltan** algunas cosillas, así que ¡**pon**te las pilas! La revista **sale** el miércoles. Ayer **hice** la entrevista al asesor médico de la DGT sobre el problema del alcohol y los jóvenes. **Fue** muy amable y me **dio** datos estadísticos y algunas sugerencias. **Creemos** que el artículo **va a quedar** muy bien. Aún no **tenemos** las opiniones de los padres sobre este tema. ¿**Puedes encargar**te tú?

Julián Ortega os **mandará** el artículo sobre la cooperativa de trueque que fomenta el intercambio de bienes y servicios, pero **dudo** que **llegue** a tiempo. Lo que sí **tenemos** ya en nuestras manos es el artículo que **lleva** por título *Comprar desde casa,* de Luis Alonso. ¡Muy bueno, por cierto!, pero al final **se ha extendido** más de la cuenta y **creo** que **vamos a necesitar** una página completa, así que **vamos a poner** el cómic de Nadia en otra parte.

Pregúntale a Ainhoa si **tiene** ya las fotos del reportaje de teléfonos móviles.

No me **he olvidado** de tus vacaciones, **iré** a **buscar**te y **comemos** juntas el lunes para **discutirlo**, ¿vale? A las dos, porque **tengo** una reunión con el editor a las 4.

¡Que **tengáis** un buen día!

Andrea.

1.1.1. Enseguida llega Ainhoa a la oficina y le pregunta a Ana por la jefa. Escucha la respuesta que le da y anota los cambios verbales que se producen al transmitir el discurso.

[3]

sigo	seguía	llegue	llegara
volveré	volvería	tenemos	tenían
es	es	lleva	lleva
faltan	faltaban	se ha extendido	se había extendido
ponte	pusiera	creo	creía
sale	sale	vamos a necesitar	íbamos a nec...
hice	había hecho	vamos a poner	... ...
dio	había dado	pregúntale	me preguntara (ana)
creemos	creían	tiene	tienes había
va a quedar	iba a quedar	me he olvidado	se había olvidado
tenemos	tenían	iré a buscarte	iría a buscarme
puedes encargarte	me encargara	comemos	comeríamos
os mandará	nos mandaría	discutirlo	discutiría
dudo	dudaba		

1.1.2. 👤 ✏️ **Fijándote en los cambios verbales que ha hecho Ana para contar en pasado el correo electrónico de su jefa, completa el siguiente cuadro.**

	DECIR		REFERIR O CONTAR LO DICHO	
	Tiempo original	Dice / Ha dicho que...		Ha dicho / Dijo que...
Indicativo	Presente	Presente		Imperfecto
	Pretérito imperfecto	No cambia		No cambia
	Pretérito indefinido	No cambia		~~indefinido~~
	Pretérito perfecto	No cambia		Pluscuamperfecto
	Pretérito pluscuamperfecto	No cambia		No cambia
	Futuro imperfecto	No cambia		Condicional
	Condicional simple	No cambia		No cambia
	Futuro perfecto	No cambia		Condicional compuesto
Subjuntivo	Presente	No cambia		Imp. Subj.
	Pretérito imperfecto	No cambia		Pret. imp./Pret. pluscuamp.
	Pretérito perfecto	No cambia		Pret. pluscuamperfecto
Imperativo		Presente de subjuntivo		Imp. subj.

"Habla más alto" → Siempre dice que hablemos más alto
que hablara

Otras transformaciones

- **Imperativo:** en el discurso referido el imperativo siempre cambia a modo subjuntivo:
  - Cuídate ➡ dice que me cuide ➡ dijo que me cuidara

- **Pronombres:**
  - Yo ➡ él/ella; tú ➡ yo; nosotros ➡ ellos/ellas, etc.

- **Determinantes:**
  - Mi artículo ➡ su artículo; este móvil ➡ ese móvil, etc.

- **Marcadores temporales:**
  - Hoy ➡ ese día; anteayer ➡ dos días antes; ahora, en ese momento ➡ entonces; anoche ➡ la noche anterior, etc.

- **Cambio de verbos según el lugar donde se encuentra el hablante:**
  - Ir ➡ venir; llevar ➡ traer

1.1.3. 👤 🎧 **En el correo electrónico que recibe Ana de su jefa, están marcados en color otros**
[3] **elementos que también cambian cuando se transmite el discurso. Primero, haz los cambios pertinentes y, después, escucha de nuevo y comprueba.**

Texto original	Discurso referido	Texto original	Discurso referido
1. el lunes ➡ hoy		8. ➡	
2. ➡		9. ➡	
3. ➡		10. ➡	
4. ➡		11. ➡	
5. ➡		12. ➡	
6. ➡		13. ➡	
7. ➡		14. ➡	

1.1.4. 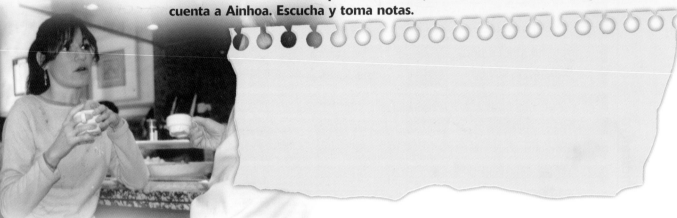 Pero hay algunos casos en que la transformación de los elementos no se realiza o se omite. ¿Puedes encontrarlos y explicar el porqué? Discútelo con tus compañeros. Tu profesor te dará la solución.

1.2. [4] Ainhoa y Ana están tomando un café en el bar de la redacción de la revista y hablan de una tal Laura que antes trabajaba con ellas. Esto es lo que Ana le cuenta a Ainhoa. Escucha y toma notas.

1.2.1. Ahora, escribe a un amigo un correo para contarle este cotilleo. ¿Cómo se lo transmitirías?

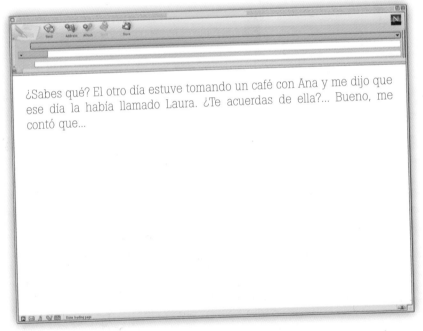

¿Sabes qué? El otro día estuve tomando un café con Ana y me dijo que ese día la había llamado Laura. ¿Te acuerdas de ella?... Bueno, me contó que...

1.3. [5] Ana, al llegar a la oficina, escucha el contestador automático. Hay algunos mensajes que son para su jefa. Escúchalos y clasifícalos en uno de estos dos *post-it*, según lo que transmitan.

Transmitir información

Transmitir preguntas

1.3.1. Vuelve a escuchar los mensajes y anota la información que transmiten.

[5]

1.

2.

3.

4.

5.

6.

7.

8.

Las aulas
autosuficientes

2.

2.1. Lee el siguiente artículo publicado en el periódico *La razón*.

Una nueva herramienta informática,
el Tablet PC, revoluciona la enseñanza en un pueblo minero de Teruel

Tizas, borradores y cuadernos pueden tener los días contados en los colegios con el nuevo Tablet PC si prospera la iniciativa puesta en marcha en Ariño (Teruel) por el Departamento de Educación y Ciencia del Gobierno de Aragón en colaboración con Microsoft.

Esta herramienta, muy similar a un ordenador portátil, permite a los niños acceder a Internet, grabar archivos de audio, disponer de imágenes, etc. Además, carece de teclado y es necesario escribir con un «lápiz digital». De esta forma, los alumnos siguen perfeccionando su escritura como si escribieran sobre el papel, y el Tablet PC se encarga de transformar el texto a formato Word. Otra de las ventajas de estos aparatos es que son inalámbricos, así los alumnos pueden moverse por el aula o incluso trabajar desde el exterior a una distancia máxima de cien metros.

También aprenden a utilizar Internet y a buscar información. «Ellos mismos montan la página y la suben a Internet al final del día», afirmó José Antonio Blesa, director del centro, «así los padres pueden ver desde casa la evolución de sus hijos y su participación en los trabajos de clase». La consejera de Educación y Cultura del Gobierno de Aragón, Eva Almunia, explicó que el único inconveniente que, hasta ahora, presenta el Tablet PC es que los niños no pueden llevárselos a casa, aunque «estamos pensando en contratar algún tipo de seguro para que los alumnos puedan utilizarlos fuera del centro», afirmó.

Blesa aseguró que las nuevas tecnologías van a transformar la idea de escuela que hemos tenido hasta ahora aunque «no son suficientes ni suponen un buen funcionamiento», dijo, «la barrera está en el profesorado, necesitamos profesores innovadores, con visión». Y Rosa García, consejera delegada de Microsoft en España, añadió que: «es fundamental tener un profesorado formado y motivado» y que «en la educación se va a trabajar de forma distinta y esto va a suponer un acercamiento diferente a los idiomas, la informática e incluso la estructuración de contenidos».

El objetivo, según Eva Almunia, es crear «aulas autosuficientes» dotadas con un mínimo de dos ordenadores conectados a la red interna del centro y a la Red, además de otras herramientas como videocámara digital, reproductor de DVD, escáner... En 1990 comenzaron también los cursos de formación del profesorado y la aplicación de programas de enseñanza asistida por ordenador. El CRA de Ariño-Alloza cuenta con un aula autosuficiente completa desde el 14 de enero de 2002 y es un centro asociado a la UNESCO ubicado en un pueblo minero de 900 habitantes.

María Cano Ezcurra - Ariño (Teruel)

Adaptado de: http://www.larazon.es/lared/laredtablet.htm

2.1.1. [img] [img] **Lee de nuevo el texto y resume cada párrafo en una línea.**

Párrafo 1: ....

Párrafo 2: ....

Párrafo 3: ....

Párrafo 4: ....

Párrafo 5: ....

2.1.2. [img] **Compara los resúmenes que has hecho con los de tus compañeros y elige la versión que te parezca que describe mejor el contenido de cada párrafo.**

2.1.3. [img] [img] **Escribe al departamento de educación de tu país, contándole lo que acabas de leer. Recuerda que, cuando recibimos una información, la interpretamos, extraemos las ideas clave y la transmitimos utilizando nuestras propias palabras.**

2.1.4. [img] **¿Qué os parece esta experiencia? ¿Creéis que será el aula del futuro? ¿Qué ventajas y desventajas le encontráis?**

3 ¡No me digas!

3.1. [img] **Identifica los nombres de las partes de un móvil con la siguiente imagen.**

1. **Altavoz**

2. **Pantalla**

3. **Tecla/Botón**

4. **Batería**

5. **Carcasa** Case

6. **Tarjeta SIM**

7. **Cargador**

3.2. **Relaciona los titulares de las siguientes noticias sobre móviles con los artículos.**

a. ¿Qué es SMS?

b. Móviles chivatos *(tattle tale)*

c. Móviles "sin manos"

d. La Unión Europea quiere controlar los teléfonos móviles

e. Los móviles revolucionan las urgencias

f. ¡Socorro, mi móvil!

---

1. **c**

En los distintos establecimientos comerciales disponen de "*kits* manos libres" universales que sirven para cualquier teléfono y se ajustan a la nueva normativa. Por ejemplo, *Norauto* cuenta con 3 *kits* que requieren instalación (unos 27 euros), tienen capacidad para desconectar la radio y los precios varían entre 129 y 267 euros, aunque en tiendas como *Aurgi* disponen de uno más asequible (22,18 euros) que se conecta al mechero y dispone de un micrófono y altavoces para hablar y escuchar sin tener que manipular con la mano.

Aspectos muy importantes a tener en cuenta, además del precio, son: si se requiere instalación o no; si dispone de antena exterior propia (mejor sonido); si al recibir una llamada, automáticamente se desconecta la radio; si el sistema utiliza los altavoces del coche; si cuenta con reconocimiento de voz y llamada automática; si dispone de sistema "full duplex" (hablar y escuchar al mismo tiempo) o "half duplex" (uno no puede hablar hasta que el otro calle).

Adaptado de: *Tráfico, n.º 152*

2. **a**

SMS son las iniciales de *Short Messages Service* o lo que es lo mismo: sistema de mensajes cortos sin hilos. Se trata de una tecnología europea que apareció en 1991 en nuestro continente donde también nació la tecnología digital sin hilos que fue bautizada como GSM, *Global Standard for Mobiles* o patrón global para móviles. Muchas son las personas que envían mensajes escritos por móviles desde un teléfono, una *palm* o desde la Red. Los grandes usuarios de SMS son los adolescentes que, según los últimos datos, envían entre unos 200 y 300 mensajes al mes, con un promedio de 10 diarios, mientras que solamente emplean unos 30 ó 40 minutos durante el mismo periodo para hablar por teléfono, un minuto al día.

Adaptado de: *¡E/LE con Internet!*, Edinumen

3. **b**

Para evitar las pellas estudiantiles, el Ministerio de Educación ha puesto en marcha un polémico proyecto: un mensaje de móvil avisa a los padres de que su hijo no ha asistido a clase. Tras pasar lista, el profesor marca la falta en su agenda, conectada a un panel electrónico que envía automáticamente el mensaje. El Instituto Marqués de Suances de Madrid ha sido el pionero en implantar este novedoso sistema.

Adaptado de: *Popstars, n.º 16*

4. **f**

Si te roban o pierdes tu móvil, lo primero que debes hacer es darlo de baja para que el ladrón no haga llamadas. Después, solicita un duplicado de la tarjeta.

Más de 30 millones de españoles tenemos móvil, y, en algunos casos, son tan sofisticados y caros que son toda una tentación para los amantes de lo ajeno. Cada mes se denuncian casi 17 000 robos.

Sin embargo, parece que esta situación va a cambiar muy pronto. Los ministerios de Interior y de Ciencia y Tecnología, en colaboración con los operadores españoles han destinado conjuntamente 20 millones de euros a un proyecto técnico que permitirá bloquear los móviles robados para que no puedan ser utilizados en ninguna de las redes de telefonía española.

Para poder inhabilitar el teléfono robado, el propietario deberá conocer cuál es el IMEI de su móvil, un código único de 15 dígitos que identifica a cada aparato, parecido al número de bastidor de los coches. Averiguarlo es fácil: está impreso al dorso del aparato o marcando la secuencia *#06# para que aparezca en pantalla.

Robar un móvil se considera una falta, pero la intención es que, en un futuro, los ladrones acaben entre rejas cuando las sustracciones *robos* se cometan de manera sistemática y organizada.

Adaptado de: *¡Qué me dices!, n.º 310*

5. **d**

En la UE, los teléfonos móviles con tarjeta prepago van a dejar de ser anónimos. Sus dueños figurarán en un registro. Así lo han decidido los ministros europeos de Interior y Justicia, a propuesta del de España. Se hace para combatir el terrorismo y las bandas criminales.

Adaptado de: *20 minutos*

6. **e**

En España, ya existen más teléfonos móviles que fijos. Casi 7 de cada 10 ciudadanos dispone de uno. El teléfono móvil, prohibido mientras se conduce porque incrementa considerablemente el riesgo de accidentes, ha supuesto una auténtica revolución en la atención de las emergencias, especialmente en carretera. La inmediatez del aviso, la posibilidad de actualizar la información sobre lo ocurrido y la facilidad para ofrecer consejos y tranquilidad a quien llama son las grandes ventajas que aporta el móvil, que puede ayudar a la seguridad si solo se usa cuando no se conduce.

Adaptado de: *Tráfico, n.º 152*

3.2.1. [icons] **Vuelve a leer las noticias y, después, di si las siguientes afirmaciones son verdaderas o falsas, justificando tu respuesta.**

	Verdadero	Falso
1. El IMEI es un código único de 15 dígitos que identifica a cada teléfono.		
2. En España hay unos 17 000 móviles.		
3. Los jóvenes hacen una media de 200 llamadas al mes de unos 30 minutos cada una.		
4. Si un estudiante no va a clase porque hace pellas, el profesor puede avisar a sus padres mediante un mensaje de móvil.		
5. Los "*kits* manos libres" se basan en que utilizan los altavoces del coche para hacer posible la comunicación.		
6. Una de las ventajas de los móviles es que se puede avisar más rápidamente de un accidente en caso de que se produzca.		
7. Los usuarios de teléfonos móviles con tarjeta prepago deberán aportar sus datos personales para utilizarlos.		

3.2.2. [icons] **Elige uno de los artículos de 3.2. y resúmelo en pocas palabras. Busca la idea principal.**

3.2.3. [icons] **Vuelve al artículo titulado "¡Socorro, mi móvil!" y busca una expresión que signifique lo mismo que:**

1. Ser un ladrón:

2. Ir a la cárcel:

3.3. [icons] **Intenta relacionar los elementos de las dos columnas de forma que hagas frases que normalmente utilizamos cuando usamos un móvil.**

1. Te llamo a partir de las 7
2. Llámame tú
3. Aquí no puedo llamar
4. ¿Puedes repetir?
5. Voy a colgar
6. No oí tu llamada
7. Tengo que ir a un cajero
8. Envíale un mensaje
9. No puedes usar mi móvil con tu tarjeta
10. Cuando llegues

a. porque tenía el móvil en silencio.
b. para recargar el móvil.
c. Te oigo entrecortada.
d. que tengo tarifa reducida.
e. haz una llamada perdida y salgo.
f. Es que no está liberado.
g. porque no tengo cobertura.
h. que no tengo saldo.
i. para recordarle la hora.
j. que me está pitando la batería.

3.4. 👤 🎧 **Vas a oír cómo reaccionan algunas personas cuando reciben una información.**
[6] **Señala si crees que es una información conocida o desconocida para el recep-
tor, y si, al recibirla, muestra indiferencia, sorpresa o incredulidad.**

	Información conocida	Información desconocida	Muestra indiferencia	Muestra sorpresa	Muestra incredulidad
Diálogo 1	☐	☐	☐	☐	☐
Diálogo 2	☐	☐	☐	☐	☐
Diálogo 3	☐	☐	☐	☐	☐
Diálogo 4	☐	☐	☐	☐	☐
Diálogo 5	☐	☐	☐	☐	☐
Diálogo 6	☐	☐	☐	☐	☐
Diálogo 7	☐	☐	☐	☐	☐
Diálogo 8	☐	☐	☐	☐	☐

3.4.1. 👤 🎧 **Vuelve a escuchar y completa los espacios que tienes en blanco con los ejem-
[6] plos que has sacado del diálogo.**

Expresar sorpresa, indiferencia e incredulidad

Sorpresa	Indiferencia	Incredulidad
		¿Qué dices?
	i¿Y a mí qué?!	
¿Lo dices en serio?	*¡Tanto da!*	*¿Tú crees?*
¿Bromeas?		*Ya veremos...*
Me dejas de piedra	*¡Allá tú!*	*Eso está por ver*

3.4.2. 👥 🗨 **Buscad noticias que os llamen la atención (o inventadlas) y contádselas a otro
grupo de compañeros. Debéis reaccionar a lo que oigáis según el grado de conoci-
miento y utilizando las expresiones que habéis aprendido en la actividad 3.4.1.**

¿Sabías que en España hay 30 millones de teléfonos móviles y que roban unos 17 000 al año?

¡Ya será menos!

3.5. ▦ 📱 **Ahora, vamos a cambiar impresiones sobre la noticia "La UE quiere controlar los teléfonos móviles". Para ello, os vais a dividir en dos grupos; un grupo que va a defender la privacidad de las personas y va a estar en contra de que se controlen los teléfonos y los mensajes, y otro que va a defender este control buscando ventajas como, por ejemplo, resolver antes un crimen o delito, combatir el terrorismo... Recuerda que no es importante que estés realmente a favor de las ideas que defiendes pero sí que lo hagas con convicción.**

> ■ 1.ª Parte: Plantear por grupos los argumentos
> ■ 2.ª Parte: Presentación y cohesión entre grupos
> ■ 3.ª Parte: Resumen y conclusión final

4 ¡**No** te cortes y **escríbenos**!

4.1. ▦ 📱 **¿Qué te sugiere la imagen? ¿Para qué sirve? ¿Lo has utilizado alguna vez? Comenta tu experiencia.**

4.2. 📱 📝 **¿Qué opinas de la nueva moda de *lig@r* en la red? Aquí tienes algunas de las opiniones que hemos encontrado en nuestro foro de lectores. Léelas y fíjate en el tipo de lengua que utiliza.**

Asunto: Ligar en la red   **De:** Alejandro (Zamora)

Ni en bares, ni en el curro. Ligar por Internet es genial, así conocí a mi novia. Yo soy muy tímido, y la tecnología me permitió mostrarme como soy. Hay mucho fantasma, pero en mi caso sirvió para descubrir mis sentimientos a alguien que me atrajo desde la primera vez que *chateamos*.

Asunto: Ligar en la red   **De:** Natalia (Oviedo)

Me molesta que se frivolice con los sentimientos y no creo que uno se pueda enamorar en Internet. ¿Cómo vas a confiar en alguien que puede engañarte hasta en su sexo? Estamos perdiendo los valores humanos y terminaremos por convertirnos en robots.

Asunto: Ligar en la red   **De:** Sandra (Granada)

Conocer gente por Internet es todo un descubrimiento. Es cierto que hay mucho vacilón, pero si alguien no te mola, cortas el rollo y punto. Yo he hecho amigos fantásticos con los que quedo y me lo paso bomba. Eso sí, no creo que vaya a encontrar de esta forma al hombre de mi vida. Soy más tradicional y prefiero el cara a cara.

CONTINÚA➡

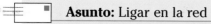

Asunto: Ligar en la red   **De:** Nuria (Madrid)

Me atraen las nuevas experiencias y me divierte mucho ligar, sea en la disco o por Internet. No entiendo la polémica que se crea a veces con esto, no tiene nada de malo quedar con alguien desconocido; es parecido a ponerte a hablar con un tío que se te acaba de presentar en un bar, y nadie se escandaliza por eso.

Adaptado de: Popstars, n.º 16

4.2.1. 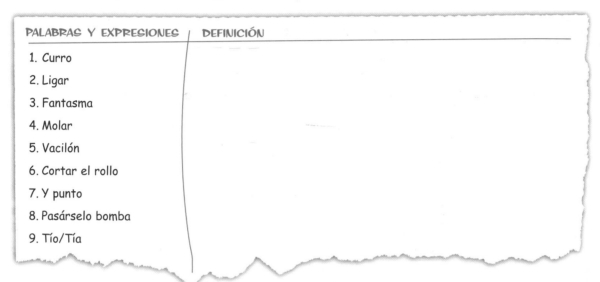 En las opiniones del foro, aparecen palabras y expresiones coloquiales. Te las damos aquí. Defínelas según el contexto.

PALABRAS Y EXPRESIONES	DEFINICIÓN
1. Curro	
2. Ligar	
3. Fantasma	
4. Molar	
5. Vacilón	
6. Cortar el rollo	
7. Y punto	
8. Pasárselo bomba	
9. Tío/Tía	

4.2.2. ¿Con cuál de estas opiniones te sientes más identificado? Escribe un correo a un amigo tuyo y cuéntale lo que opina esa persona y tu posición con respecto al tema.

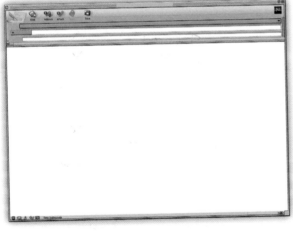

4.2.3. ¿Has tenido alguna experiencia personal ligando en la red o conoces a alguien que la haya tenido?

4.2.4. Os proponemos crear en clase un "Foro del español". En él debéis exponer problemas, opiniones, dudas, etc., que os plantea el aprendizaje de esta lengua y responder a las preguntas de los otros compañeros. Podéis utilizar el aula de recursos de vuestro centro o hacerlo con mensajes escritos en un papel. Recordad que los mensajes son cortos y utilizan un lenguaje bastante coloquial. Si queréis, existen foros reales dedicados a este tema. Podéis participar en ellos. Os recomendamos el foro del español del Centro Virtual Cervantes: **http://cvc.cervantes.es/foros/**

CENTRO VIRTUAL PRISMA

FORO DEL ESPAÑOL

Mensajes nuevos:

▶ **De** Agustín:
Tengo una duda. Cuando hablamos del día siguiente al que estamos, ¿decimos el día siguiente o al día siguiente? Gracias.

5 Te odio, te amo, móvil

5.1. 👤📖 **Lee el siguiente texto y coméntalo con tus compañeros.**

Te odio, te amo, móvil

Indiscreto como ningún otro aparato, el teléfono móvil domina nuestras vidas hasta en los momentos íntimos.

Tangos, valses, lambadas, charlestones, músicas orientales y hasta los mismísimos Mozart y Beethoven anuncian que alguien nos llama. Si los grandes compositores de la historia levantaran la cabeza... Claro que estas melodías resultan útiles para diferenciar nuestro móvil del resto, porque hay tantos que vivimos en un puro sobresalto y cuando suenan no sabemos dónde. Aunque en sus comienzos el móvil era un símbolo de progreso y poderío, ahora se ha convertido en un incómodo e insoportable aparato del que no podemos prescindir estemos donde estemos. Y es aquí donde empiezan los problemas, ya que nos acompaña incluso al cuarto de baño. Recuerdo que una vez estaba hablando con una señora y me pidió disculpas porque iba a escuchar el inconfundible ruido de la cisterna... No importa el lugar donde estemos, incluso si tenemos al lado un teléfono convencional. Cuando Beethoven saca la batuta, todos a responder: que si el niño llegó tarde al colegio, que si faltaba algo en la lista de la compra, que si una amiga deprimida necesita que alguien la escuche... Un mínimo de educación y respeto exige que, al menos, se seleccione la modalidad "silencio" en determinadas circunstancias para no molestar.

Carla Royo-Villanova

Adaptado de: *El Semanal*

5.1.1. 👥🗨️ **Clasifica las siguientes afirmaciones diciendo si se debe o no se debe hacer. Justifica la respuesta.**

	Sí	No
1. Llevar el móvil encendido y fuera de la guantera en el coche.		X
2. Mandar mensajes de texto a otras personas con el propósito de que nos llamen.		
3. En el lugar de trabajo o estudio, mantener el móvil encendido e incluso mantener dos llamadas al mismo tiempo, aunque normalmente disponemos de un teléfono fijo.		X
4. Dejar el móvil encendido durante espectáculos públicos, ceremonias, entrevistas o reuniones importantes, o incluso hablar en esas situaciones.	X	
5. Ponerlo sobre la mesa en restaurantes y comidas fuera de casa.	X	
6. Dejarlo en el guardarropa y pedir que nos avisen si suena, cuando esperamos una llamada urgente.	X	
7. Seleccionar sonidos indiscretos, ruidosos y llamativos a un volumen excesivamente alto.		X
8. Hablar incluso mientras caminamos conectados al celular.	X	
9. Apagar el móvil en los aviones, como suelen avisar por megafonía, porque puede causar interferencias en los instrumentos de vuelo.	X	
10. Contestar a una llamada en la cola del supermercado.	X	
11. Apagar el móvil cuando entramos en una iglesia o en un lugar sagrado.	X	
12. Hablar con el móvil en un hospital.	X	
13. Mandar un mensaje colectivo (el mismo mensaje que se envía a varias personas al mismo tiempo).	X	
14. Preguntar por el estado de salud de una persona enferma por medio de un mensaje de texto escrito.		X
15. Probar en un lugar público todas las melodías de nuestro aparato.		X
16. Hacer una llamada perdida como señal de algo, por ejemplo, que esperamos en la puerta.	X	

(handwritten at top) Cocá-Cola = cocaine line.

5.1.2. 🔲 (BLA) **Ahora bien, en este sentido es muy importante el aspecto cultural. Lo que para unos es cortés, a otros les puede parecer una falta de educación. Por ejemplo, en España, es habitual hacer llamadas perdidas para avisar al otro de que hemos llegado a un determinado lugar, que estamos bien, etc. ¿Por qué no comentáis en grupo lo que os parece apropiado o descortés teniendo en cuenta vuestra cultura?**

5.1.3. 👤 🎧 **Escucha los siguientes diálogos telefónicos y contesta a las preguntas que se te piden para cada uno de ellos:**
[7]

▶ **diálogo 1**
1 ¿Es una conversación formal o informal?
2 ¿La llamada se realiza a un fijo (llamada a un lugar) o a un móvil (llamada a una persona)?
3 ¿De qué nacionalidad piensas que son las personas que hablan? *argentinos*

▶ **diálogo 2**
1 ¿La llamada se realiza a un fijo (llamada a un lugar) o a un móvil (llamada a una persona)?
2 ¿Qué relación crees que hay entre las personas que hablan? *novios*
3 ¿De qué nacionalidad piensas que son las personas que hablan? *españoles*

▶ **diálogo 3**
1 ¿Es una conversación formal o informal?
2 ¿Deja algún mensaje?
3 ¿De qué nacionalidad piensas que son las personas que hablan? *argentinos*

▶ **diálogo 4**
1 ¿Está la persona con la que quiere hablar? *no*
2 ¿Deja algún mensaje? *no*
3 ¿De qué nacionalidad piensas que son las personas que hablan? *mexicanos*

▶ **diálogo 5** *(handwritten: secretaria del médico)*
1 ¿Es una conversación formal o informal?
2 ¿Por quién pregunta? *Raúl → otra cita*
3 ¿De qué nacionalidad piensas que son las personas que hablan? *español*

▶ **diálogo 6**
1 ¿Es una conversación formal o informal?
2 ¿Con quién quiere hablar la persona que llama? *un doctor*
3 ¿De qué nacionalidad piensas que son las personas que hablan? *uruguaya*

▶ **diálogo 7**
1 ¿Quién crees que contesta el teléfono en este caso?
2 ¿La llamada se realiza a un fijo (llamada a un lugar) o a un móvil (llamada a una persona)?
3 ¿De qué nacionalidad piensas que son las personas que hablan? *español*

(handwritten: cotilla / cotillear)

5.2. 👥 🔤 **Antes de leer el texto que te proponemos, elige una de las definiciones de las expresiones que aparecerán en el texto.**

(handwritten: mal entendido)

1. **Caérsele a uno los palos del sombrajo**
   ☐ Perderse   ☒ Desengañarse *(handwritten: descubrir algo que te sorprendió)*

2. **Hacer creer algo a alguien**
   ☐ Imponer algo a alguien   ☒ Engañar a alguien

3. **Reconocer el mérito de alguien**
   ☒ Admitir el éxito de alguien   ☐ Admitir el valor de una persona

4. **Saborear las mieles del éxito**
   ☒ Disfrutar del éxito   ☐ Sufrir las consecuencias de la fama

5. **Unos llevan la fama y otros cardan la lana** *(handwritten: wool)*
   ☒ Algunos recogen el éxito del trabajo de otros   ☐ Los que trabajan reciben su recompensa

5.2.1. 👤 📖 Lee el texto y comprueba, después de la lectura, si la opción que has elegido es la correcta. Para ello, tendrás que tener en cuenta el contexto en que aparecen las expresiones.

BELL NO INVENTÓ EL TELÉFONO

Se nos han caído los palos del sombrajo. Resulta que Bell no inventó el teléfono, solo lo patentó. El verdadero inventor fue Antonio Meucci. Bell vivió como vivió, hizo lo que hizo, y le quiso hacer creer a todo el mundo lo que no hizo. Vamos a cambiar las referencias de la Historia dándole a Meucci lo que es suyo.

Antonio Meucci y el telégrafo parlante

113 años después de su muerte, se ha visto reconocido el mérito del inventor italiano Antonio Meucci por el Congreso de los Estados Unidos. Antonio Meucci nació en San Frediano, cerca de Florencia, en abril de 1808. Estudió diseño e ingeniería mecánica en Florencia y trabajó en el Teatro della Pergola y en otros teatros hasta 1835, año en que aceptó un trabajo como escenógrafo en el Teatro Tacon de La Habana.

En 1851, utilizando dos troncos de cono de cartón, provistos en su base de un diafragma membranoso y unidos por un hilo, logró comunicarse oralmente con un amigo que vivía enfrente de su casa. Luego, se dedicó a perfeccionar su invención, de manera tal que permitiera reproducir la voz a largas distancias. Pero al no encontrar quién lo patrocinara, viajó de La Habana a Estados Unidos. Allí su suerte no fue lo buena que hubiera deseado, y después de 20 años, Alexander Graham Bell saboreó las mieles del éxito del italiano.

Unos cardan la lana y otros...

Alexander Graham Bell patentó el teléfono en 1876, año en el que pronunció la que se pensaba que era la primera frase telefónica: "Señor Watson, venga. Lo necesito". Ahora sabemos que no es cierto. En este mismo año hizo una demostración pública del invento de Meucci en la Exposición de Filadelfia. El éxito del teléfono es aplastante y supone una revolución para el mundo de la comunicación y en el desarrollo de la sociedad de la época. En 1877 crea la Compañía de Teléfonos Bell. En 1892 tendrá lugar la primera conversación telefónica a larga distancia, entre Chicago y Nueva York.

Adaptado de http://www.juvenilweb.com/CUR/INVENTORES/meucci.html

5.2.2. 👥 🗨 El teléfono es un gran invento. Sin embargo, a veces se hace un uso incorrecto del mismo. ¿Te han hecho alguna vez una broma pesada o te han engañado a través del teléfono? Cuenta tu experiencia o la de alguien que conozcas.

AUTOEVALUACIÓN   AUTOEVALUACIÓN   AUTOEVALUACIÓ

1. **Escribe cinco palabras o expresiones relacionadas con las nuevas tecnologías que hayas aprendido en esta unidad.**

   1. No tengo cobertura .... 2. .... 3. ....
   4. .... 5. .... 6. ....

2. a. ¿Piensas que el discurso referido se usa mucho? ....
   b. ¿Crees que lo que has aprendido en esta unidad es útil? ....
   c. ¿Es igual en tu idioma o transmitís las palabras tal y como se dijeron? ....

3. **¿Recuerdas cómo has de hacer los cambios de los verbos cuando transmites lo que alguien dijo en pasado?**

Dice	Dijo que
a. Presente de indicativo	
b. Pretérito perfecto de indicativo	
c. Pretérito indefinido de indicativo	
d. Presente de subjuntivo	
e. Pretérito perfecto de subjuntivo	
f. Imperativo	

AUTOEVALUACIÓN   AUTOEVALUACIÓN   AUTOEVALUACIÓ

Unidad 3

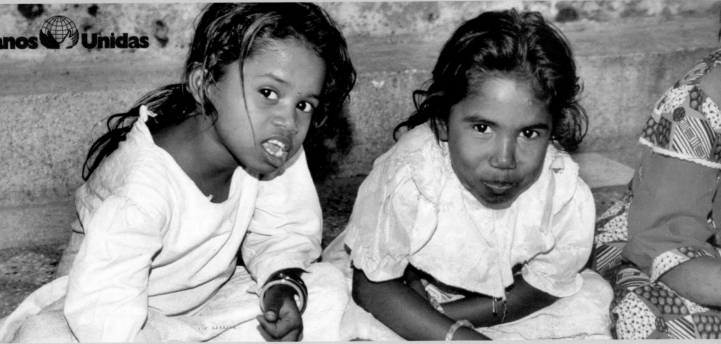

Pueblo de Dios. India

Contenidos funcionales
- Identificar y describir objetos, lugares y personas
- Hablar de algo, resaltándolo y hacer objeciones
- Dar información secundaria
- Pedir información sobre si se sabe o conoce algo/a alguien

Contenidos gramaticales
- Oraciones de relativo: contraste indicativo/subjuntivo (antecedente conocido y desconocido)
- Pronombres y adverbios relativos (con preposición)

Contenidos léxicos
- Ocio y tiempo libre
- Léxico para realizar una subasta

Contenidos culturales
- Literatura: Ramón Gómez de la Serna
- El ocio de los jóvenes españoles
- El voluntariado y las ONG

1 Al **pan**, pan y al **vino**, vino

1.1. Tenéis cinco minutos para recorrer el aula y buscar compañeros que cumplan los siguientes requisitos:

Requisitos Que...	Preguntas	Nombre del alumno	Respuesta
1. <u>Sea</u> políglota.	¿Cuántas lenguas sabe?	Luis	Luis <u>sabe</u> hablar cuatro lenguas.
2. Hable una lengua no románica.	¿Cuál?		
3. Estudie otros idiomas.	¿Cuáles?		
4. Haya vivido en un país diferente al suyo.	¿En cuál y cuánto tiempo?		
5. Salga con alguien hispanohablante.	¿De qué país es?		
6. Tenga ascendientes hispanos.	¿De dónde?		
7. Haya ido a clases de bailes latinos.	¿Qué bailes?		
8. Haya visitado tres ciudades españolas.	¿Cuáles?		

A veces no es fácil encontrar un adjetivo adecuado. Por eso utilizamos las oraciones subordinadas adjetivas o de relativo que funcionan como un adjetivo y, como tal, caracterizan a un nombre llamado ANTECEDENTE. Normalmente se introducen con el pronombre *QUE* referido a personas, animales o cosas. El antecedente puede ser conocido o no por el hablante.

Ejemplo: *Conozco a un chico que habla inglés./Busco a un chico que hable inglés.*

1.1.1. Fíjate en los verbos del cuestionario anterior. ¿Por qué los requisitos van en subjuntivo?

1.1.2. Si no has encontrado a nadie que cumpla algunos de los requisitos de 1.1. y, por lo tanto, tienes casilleros del cuestionario vacíos, ¿qué dices?, ¿cambia el modo del verbo? Completa el ejemplo.

Ejemplo: *No hay nadie en clase que* ....

1.1.3. Y si preguntas en general, ¿qué sucede? Completa el ejemplo.

Ejemplo: *¿Hay alguien que* .... ?

1.2. Aquí tenéis la canción *¿Qué te pasa?*, del roquero español Manolo Tena. No es feliz en su vida, le falta algo a pesar de que, según cuenta la canción, no está solo, tiene muchas cosas y animales a su alrededor. Completad los espacios vacíos con ayuda de las ilustraciones.

Tengo una moto estropeada
y tengo (1) .... que no anda,
tengo (2) .... que no sabe nadar
y tengo (3) .... que no sabe ladrar.
Tengo una radio estropeada
y tengo (4) .... que no habla,
tengo (5) .... que no sabe imitar
y (6) .... que no me deja en paz.
Todos me dicen: "¿Qué te pasa?"
y yo no sé qué contestar.
Todos se piensan que estoy triste
desde que tú te fuiste de casa
y me preguntan: "¿Qué te pasa?"
y yo no sé qué contestar,
y yo no sé qué contestar.
Tengo el *blues* de la mañana
y tres (7) .... que se atrasan,
tengo (8) .... que no sabe soñar
y (9) .... que no puedo afinar.
Todos me dicen: "¿Qué te pasa?"
y yo no sé qué contestar.
Todos se piensan que estoy triste
desde que tú te fuiste de casa
y me preguntan: "¿Qué te pasa?"
y yo no sé qué contestar,
y yo no sé qué contestar.
Tengo una casa sin ventanas
y una tristeza enamorada,
tengo un disfraz, pero no es carnaval
y esta (10) .... que no puedo parar.
Todos me dicen: "¿Qué te pasa?"
y yo no sé qué contestar.
Todos se piensan que estoy triste
porque tampoco volviste a casa
y me preguntan qué me falta
y yo no sé qué contestar.

1.2.1. Escucha la canción y comprueba.
[8]

1.2.2. En la canción de Manolo Tena hay varias oraciones de relativo. Localízalas y luego trata de encontrar un adjetivo que las sustituya, siempre que sea posible.

Tengo un loro que no habla. ➡ Tengo un loro mudo.

1.3. 🧑✏️ **Ahora, completa el cuadro.**

Oraciones adjetivas o de relativo

- **Cuando el antecedente es conocido por el hablante se usa el modo** [_____]
y cuando es desconocido, el modo [_____] **.**

  – *He ido a un restaurante donde* [_____] *degustación de vinos alemanes.*

  – *Estamos buscando un restaurante donde* [_____] *degustación de vinos alemanes.*

- **Para preguntar por la existencia de algo o alguien se usa, preferentemente, el modo**
[_____] **.**

  – *¿Hay algo que te* [_____] *en esta tienda para regalarle?*

  – *¿Hay alguien que* [_____] *chino en esta oficina?*

- **Para negar la existencia de algo o alguien, o señalar su escasez, también se usa el modo**
[_____] **.**

  – *No hay nada que me* [_____] *en esta tienda para regalarle.*

  – *No hay nadie que* [_____] *chino.*

  – *Hay poca gente que* [_____] *chino.*

---

2 La clase **prosaica** y **poética**

2.1. 🧑‍🤝‍🧑 💬 **Piensa y anota qué objetos y personas son importantes para aprender un idioma.**

2.1.1. 👤 ✏️ **Ahora, escribe la definición de cada uno de los objetos y personas de tu listado.**

🔍 Para precisar más tus definiciones puedes utilizar: **PREPOSICIÓN + ARTÍCULO +** *QUE*.
La elección de la preposición dependerá del verbo.

Ejemplo: *Un diccionario es un libro* **en el que** *puedo buscar el vocabulario desconocido.*
(buscar algo *en* un lugar)

OBJETO	DEFINICIÓN

2.2. 👤 📖 **Aquí tienes algunas greguerías del escritor español Ramón Gómez de la Serna. Él las definió como una suma de humor y metáfora. Juegos de palabras, en definitiva. Algunas definen a los números, otras a las letras y escritura, y otras tratan diversos temas. Para leerlas completas, coloca los relativos que faltan.**

Ramón Gómez de la Serna (Madrid, 1888 - Buenos Aires, 1963)

Escritor y abogado español. Es el creador de la greguería, frase breve que expresa con ingenio y humor la paradoja, la metáfora, la ternura e incluso las imágenes líricas. Escribe novelas, ensayos, biografías y teatro, adaptándose a todos los géneros. En Madrid impulsa la tertulia literaria del Café Pombo, donde se reúnen los artistas bohemios de vanguardia. En 1918 publica *Pombo*, libro de memorias de sus tertulias literarias en el Café. Recorre Europa dictando conferencias. Miembro de la Academia Francesa del Humor, publica varios tomos de Greguerías y se caracteriza por su sentido del humor y excentricidades. Escribe las novelas *El rastro* (1915), *El circo* (1916), *La viuda blanca y negra* (1917), *La Quinta de Palmyra* (1923), *El torero Caracho* (1926) y *Automoribundia* (1948), de carácter autobiográfico, así como *Explicación de Buenos Aires* (1948) y *Nostalgias de Madrid* (1956). Durante la Guerra Civil española emigra a Buenos Aires.

En http://www.memo.ramongomezdelaserna.net

> **que** (3) • **a quien** (2) • **los que** • **en que** • **al que** • **de los que**

Algunas greguerías

1. LA "T" ES EL MARTILLO DEL ABECEDARIO.
2. LA "I" ES EL DEDO MEÑIQUE DEL ALFABETO.
3. LA "Q" ES LA "P" .... VUELVE DE PASEO.
4. EL 6 ES EL NÚMERO .... VA A TENER FAMILIA.
5. LOS CEROS SON LOS HUEVOS .... SALIERON LAS DEMÁS CIFRAS.
6. EL LECTOR, COMO LA MUJER, AMA MÁS .... MÁS LO HA ENGAÑADO.
7. LOS NIÑOS .... SERÁN LOS HOMBRES PRECAVIDOS SON .... SACAN PUNTA A LOS DOS EXTREMOS DEL LÁPIZ.
8. EL DÍA .... SE ENCUENTRE UN BESO FÓSIL SE SABRÁ SI EL AMOR EXISTIÓ EN LA ÉPOCA CUATERNARIA.
9. EL VERMÚ ES EL APERITIVO .... SE LLAMA DE TÚ.
10. EL PENSADOR DE RODIN ES UN AJEDRECISTA .... LE HAN QUITADO LA MESA.

Pronombres relativos

- **QUE**: es el más usado. Va precedido del artículo *(el/la/los/las que)* en los siguientes casos:
  - Si no hay un antecedente expreso: *Los que leen viven más.*
  - En construcciones enfáticas con el verbo *ser*: *Él es el que me robó la cartera.*
  - Tras preposición: *Ese es el hombre con el que te vi*.*

  LO QUE se utiliza cuando el antecedente se refiere a un concepto o idea sin noción de género. *No entiendo lo que dices.* ↳ *algo/todo/nada o un concepto abstracto*

- **QUIEN / QUIENES**: se refiere solo a personas. Equivale a *el/la/los/las que.*

  Quienes leen viven más.
  Él es quien me robó la cartera.
  Ese es el hombre con quien te vi.

  no hay nadie que... — Se usa tras *haber* y *tener*:
  No hay quien te entienda.
  "El coronel no tiene quien le escriba" es el título de una famosa novela de García Márquez.

- **CUAL**: debe ir siempre con artículo *(el/la/lo cual, los/las cuales).*
  - Su uso en la lengua hablada es menos frecuente que el de *que.*
  - Siempre lleva antecedente expreso.
  - Se usa obligatoriamente cuando no hay un verbo en forma conjugada:
    Estuvimos limpiando, hecho lo cual, nos fuimos al cine.
  - Tras preposición: *En la cocina hay una estantería, en la cual están las especias*.*

> *ORACIONES ESPECIFICATIVAS Y EXPLICATIVAS. Las oraciones especificativas determinan o precisan el antecedente: *Los jugadores que ganaron el partido salieron por televisión (no todos).* Las explicativas van entre comas, llevan siempre el verbo en indicativo y añaden información sobre el antecedente: *Los jugadores, que ganaron el partido, salieron por televisión (todos).*

- **CUYO, CUYA, CUYOS CUYAS**: es un determinante posesivo. Va entre dos nombres y concuerda con el segundo en género y número. Expresa relación o posesión con el nombre expresado anteriormente.

  Esa es la chica cuyo padre es escritor = el padre de la chica es escritor.

Adverbios relativos

- **DONDE**: expresa lugar y puede sustituirse por *en el que* si tiene antecedente sustantivo.
  Esta es la casa en la que/donde nací.

  Se usa también después de una preposición que precise la información del lugar.
  Pasé por donde me dijiste.

- **CUANDO**: expresa tiempo y puede sustituirse por *en el que* si tiene antecedente sustantivo.
  Recuerdo aquellos días en los que/cuando te conocí.

- **COMO**: expresa modo y puede sustituirse por *en el que* si tiene antecedente sustantivo.
  No me gusta la forma en la que/como actúas.

2.3. 👤 ✏️ **Relaciona estas frases con su oración subordinada correspondiente y sustituye los pronombres o adverbios por otros.**

1. El hombre _G_ tiene que ser especial. •
2. La empresa _C_ ha quebrado. •
3. Los chicos _L_ eran sus hermanos. •
4. La mujer _A_ me "da mala espina". •
5. La firma "G," _B_ es patrocinadora de esta feria. •
6. La película _D_ es *Átame*. •
7. No hay muchas personas _F_ •
8. Necesito gente _H_ •
9. La casa _I_ es muy pequeña. •
10. El balcón _J_ da a la calle Princesa. •
11. Estuvimos hablando de la época _K_ •
12. Me encanta la manera _E_ •

• a con la que sales
• b cuyos productos están de moda,
• c en donde trabajasteis *en la que*
• d en la que salía Antonio Banderas
• e como haces la paella.
• f para las cuales lo más importante sea el dinero.
• g con quien me case
• h en la que confiar.
• i donde vivo
• j desde el que vi la procesión
• k cuando estudiábamos en la universidad.
• l de los que te hablé

2.4. 👥 ✏️ **Define ahora, de forma poética, como hace Ramón Gómez de la Serna en sus greguerías, las palabras de la actividad 2.1.1.**

Ejemplo: *Un diccionario es un objeto donde me sumerjo en el mundo de las palabras o con el cual descubro dicho mundo.*

Pensar en las musarañas 3

3.1. 👥 🗨️ **¿Qué haces cuando te aburres? ¿En qué ocupas tu tiempo libre? ¿Cuánto tiempo dedicas a pensar en nada?**

3.1.1. 👥 🗨️ **Muchos piensan que los grandes inventos surgieron de mentes aburridas o de mentes ociosas. Si tuvieras que pensar en el invento del siglo, ¿cuál dirías que es y por qué?**

3.1.2. 👥 🗨️ **Aquí tenéis algunos inventos que podríamos ver próximamente en el mercado. ¿Solucionarían algún problema? ¿Tendrían éxito comercial?**

INVENTOS INCREÍBLES

PRINGWALKER, LA MÁQUINA QUE ANDA
Es un nuevo medio de transporte desarrollado en EE. UU. que imita al hombre. Tiene dos "piernas" y un sistema de servo-potencia que le permiten caminar y hasta correr. Lo hace, además, con mucha más fuerza y sin que se canse su usuario.

EL TECLADO LUMINOSO
Se llama EluminX y es el primer teclado con luz. Está pensado para poder trabajar de noche o en condiciones de poca visibilidad y sus creadores aseguran que es mejor para la vista.

CONTINÚA ⇢

EL BOLÍGRAFO CÁMARA

Es la herramienta perfecta para espías y periodistas "de investigación". Ahora se puede comprar en Internet. Graba imágenes en color y tiene 4 canales de transmisión.

EL TEJIDO LUMINOSO

No es un efecto óptico, sino una fibra especial que detecta partículas elementales y crea su propia luz. La tela se llama Luminex y sirve para hacer ropa, manteles, bolsos…

EL COCHE-MOTO DEL FUTURO

Se llama Carver y es un revolucionario vehículo que se conduce como un coche pero tumba como una motocicleta. Alcanza los 180 km/h y te hace "volar".

LA MANO SERÁ EL NUEVO RATÓN INFORMÁTICO

Microsoft está desarrollando un proyecto para hacer desaparecer el ratón. El cursor se desplazará en función del movimiento de la mano ante la pantalla.

DESARROLLAN EL PAPEL ELECTRÓNICO

Científicos de EE. UU. han creado el e-papel: una pantalla muy delgada y flexible que despliega tinta electrónica. Cuando termine su desarrollo podría convertirse en el periódico del futuro que será actualizado de forma inalámbrica o por Internet.

http://www.xpress.es/radiocable/ant-inventos.htm

3.1.3. **Aquí tenéis otros posibles inventos. Seguid las instrucciones.**

alumno a

- La gorra protege-móvil.
- Cortapatillas perfecto.
- El mayordomo-robot.
- El despertador que deja dormir.
- Bicicletas-ambulancia.
- Robot reportero de guerra.
- Un teléfono en la muela.
- El coche que gasta 1 litro cada 100 km.

1. Elige cuatro y con un poco de imaginación inventa sus características.

2. Ahora eres su promotor. Intenta vender alguno de ellos a tu compañero.

3. Tu compañero intentará venderte uno de los suyos, pero tú se lo pondrás difícil; ponle *peros* a todas las características de sus inventos.

alumno b

- Una gorra para pensar.
- El teclado fantasma.
- Gafas para ver cine en formato panorámico.
- Cámara para reconocer delincuentes.
- El zapatófono.
- Móvil detecta-mentiras.
- Traductor simultáneo de voz para el móvil.
- Un traductor para ladridos de perro.

1. Elige cuatro y con un poco de imaginación inventa sus características.

2. Tu compañero intentará venderte uno de los suyos, pero tú se lo pondrás difícil; ponle *peros* a todas las características de sus inventos.

3. Ahora eres su promotor. Intenta vender alguno de ellos a tu compañero.

Inventos sacados de: http://www.xpress.es/radiocable/ant-inventos.htm

Para "poner *peros*"

- Ya..., lo que pasa es que no me convence porque...
- No, si es que no me interesa porque...
- El problema es que...
- Está muy bien, sin embargo...

Para hablar de algo, resaltándolo

- No te lo vas a creer, pero...
- Esto es algo increíble, fíjate que...
- No te puedes imaginar lo que tiene...
- Vas a alucinar con esto, resulta que... (informal)
- En la vida has visto nada igual...

3.1.4. Estamos en el siglo XXIII, y vais a realizar una subasta de objetos importantes del siglo XX. Cada uno elige un objeto. Por grupos, vais a tasar vuestros objetos para ofrecer un precio de salida. Luego, se sacarán los objetos a subasta y los valoraremos describiendo sus características según avance la puja, para que alcancen el mayor valor.

Criterios para la tasación:
- importancia del invento (necesidad, comodidad, lujo...)
- estado del objeto (nuevo, defectuoso, viejo...)
- antigüedad del objeto
- frecuencia de uso del objeto
- ...

Radio de coche

Teléfono con WAP

Lavadora

Envase Tetrabrik

Televisión

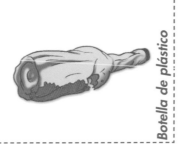
Botella de plástico

Antena parabólica

Walkman

Bolígrafo

Microondas

3.2. 👤📖 **Lee este ensayo sobre el aburrimiento de la juventud.**

Nadie previó que la apacible ciudad de Seattle iba a saber de gases lacrimógenos y cargas de la policía durante la reunión del Fondo Monetario Internacional (FMI). Después Washington fue sacudida por una protesta masiva. Luego, los enfrentamientos fueron el primero de mayo en Londres y en las calles de Hannover, amén de

otras ciudades europeas. (...) En todos los casos se trataba de jóvenes manifestantes.

Las protestas que han estado sacudiendo las calles del Primer Mundo son contra el capitalismo. El divorcio total entre juventud y política ha sido uno de los fenómenos más interesantes de los últimos treinta años. Después del Mayo Francés y los excelsos años sesenta, la juventud se dedicó al abandono *hippie*, a vincularse con sectas de dudosa factura, a deleitarse con algunas enseñanzas orientales, al exhibicionismo *yuppie*, a la indiferencia o al consumo de droga. Abotargada por "il benessere" y los estupefacientes, la juventud había

renunciado a cualquier rol protagónico. Súbitamente redescubre el valor de las luchas sociales, las llamadas "causas justas", y vuelve a las calles la "actividad liberadora" de enfrentarse a la policía. Ha redescubierto un motivo de protesta después del largo sueño.

Ahora, los incendios en las calles del Primer Mundo son para exigir la condonación de la deuda de los pobres del tercero, para condenar las prácticas del FMI y del Banco Mundial, para decirnos que el capitalismo es aborrecible. Tampoco eran rudos veteranos molidos por la maquinaria capitalista los que salieron a las calles de París en el famoso mayo. Eran jóvenes cansados. En medio de este aburrimiento atroz donde ni una idea conmueve, estaba abonado el terreno para la entrada triunfal de una "causa justa". (...) La protesta no es ya como en mayo, exigiendo la vuelta de la inteligencia. Lo que ahora se quiere es encontrar un antídoto contra el aburrimiento. Les preocupa el fin de semana.

La actual rebelión contra el aburrimiento no busca otra cosa que destruir al propio aburrimiento. Se protesta contra el comportamiento del sistema contra terceros, no contra el comportamiento en la propia casa. Al parecer nadie quiere liberarse del bienestar, nadie objeta en ese Primer Mundo de juventud "contestataria" el consumo desenfrenado y los medios de placer, pero se aburren, se aburren desesperadamente.

Teódulo López Meléndez. Narrador y ensayista.

http://www.eluniversal.com/verbigracia/memoria/N124/ensayo.htm

3.2.1. 👥💬 **Según tu opinión, este fragmento de ensayo es:**

| | crítico | | expositivo | | descriptivo |

Razona tu respuesta basándote en el texto.

3.2.2. 👥💬 **Elige la afirmación que se ajuste más al texto y justifica tu elección.**

a. Los jóvenes de hoy son más *protestones* y menos aburridos que los de los años 60.

b. A los jóvenes de hoy les interesa más la política que a los de antes, les parece menos aburrida.

c. Para los jóvenes de hoy protestar es una forma de ocupar el tiempo libre y de evitar el aburrimiento.

3.2.3. 👤✏️ **Resume el texto con el mínimo número posible de palabras, pero recogiendo lo importante.**

3.2.4. 👨‍👩‍👧💬 **En este caso, según el autor, el aburrimiento no lleva a inventar nada, sino a rebelarse contra la sociedad por las llamadas "causas justas". ¿Estáis de acuerdo con el autor? ¿Creéis que la juventud protesta por moda, para no aburrirse más que por solidaridad o ideología?**

delito = crime
crimen → con sangre

¿Nos echas una mano? 4

4.1.  ¿Sabes qué significa esta expresión?

4.1.1. ¿A qué tipo de actividades solidarias puedes dedicar tu ocio? Haz una lista.

4.2. Completa el lema de esta publicidad.

HAZTE ....

Y REALIZA ACCIONES

- que tengan carácter altruista y solidario.
- que carezcan de contraprestación económica.
- que se desarrollen en organizaciones privadas o públicas con arreglo a programas o proyectos concretos.
- que no sustituyan el trabajo remunerado.

Lau

4.3. Lee este artículo aparecido en la revista *Clara*. Haz una lista del léxico que no conozcas y búscalo en el diccionario. Luego, con tus propias palabras, escribe su definición en la tabla que tienes en la página siguiente.

LOS CHAVALES DE CRUZ ROJA ¿a qué se dedican?

Son muchas las tareas que realizan:

- **Personas mayores.** Este sector de la población es uno de los que más preocupa a Cruz Roja. Por ello, hay proyectos en marcha de ayuda a domicilio, viviendas tuteladas, etc.
- **Toxicómanos.** Atención en cárceles, unidades de desintoxicación y pisos de reinserción.
- **Refugiados e inmigrantes.** A estos colectivos se les proporciona asistencia sanitaria y social (alojamientos y manutención, clases de español y formación profesional).
- **Afectados de SIDA.** Proyectos destinados a enfermos y familiares para ofrecerles ayuda sanitaria, psicológica y social.
- **Población reclusa.** Cruz Roja ha atendido a miles de reclusos a través de cursos de alfabetización y actividades para los hijos de las mujeres que están encarceladas.
- **Niños y jóvenes con dificultades sociales.** Actividades para niños hospitalizados, pisos <u>tutelados</u> para menores, talleres para jóvenes...
- **Personas con movilidad reducida.** Colaboran en facilitarles el transporte adaptado, ayuda a domicilio y participación en actividades de ocio.

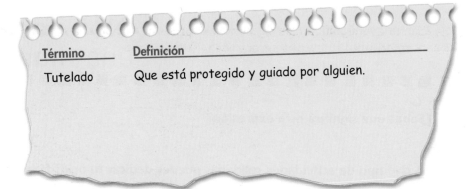

Término	Definición
Tutelado	Que está protegido y guiado por alguien.

4.4. Escucha las declaraciones de diversos voluntarios de ONG y anota en el siguiente cuadro dónde trabajan y por qué han decidido dedicar su tiempo libre a estas actividades.

[9]

Nombre	Lugar de trabajo	Motivo
1.		
2.		
3.		
4.		

4.5. ¿Has trabajado alguna vez de voluntario?, ¿se fomenta en tu país este tema?, ¿en qué organizaciones sí participarías y en cuáles no y por qué? Vamos a hacer un debate a partir de las siguiente afirmación:

"El voluntariado es un fenómeno que está de moda, igual que ir a las manifestaciones; los jóvenes lo practican porque queda bien".

5 Nos va la marcha

5.1. ¿Qué te sugiere esta foto? En tu ciudad, ¿se podría sacar una foto igual? Comenta las diferencias.

salimos de copas

5.2. [icons] **¿Sabes qué significan las siguientes expresiones coloquiales? Con tu compañero, intenta relacionarlas con sus sinónimos o definiciones.**

1 Unas copas C
2 Currar N *curro*
3 La paga B
4 Los colegas K
5 Entonarse G
6 El calimocho A
7 Quedarse pelado M
8 El mogollón O
9 Disco I
10 Garito Ñ
11 Molar H
12 Resacón E
13 Buen rollo D
14 Basca J
15 Estar hasta arriba F
16 Armar bronca L

literally colleague
stoy pelado
mucho

a Bebida, mezcla de vino y Coca-Cola
b Cantidad de dinero fija que dan los padres a los hijos
c Bebidas alcohólicas
d Buen ambiente
e Efecto de una borrachera
f Emborracharse
g Beber un poco
h Gustar
i La discoteca
j La gente
k Los amigos
l Provocar disturbios
m Quedarse sin dinero
n Trabajar
ñ Un bar de copas, un *pub*
o Una muchedumbre, mucha gente

me mola mogollón   *estar hasta las fatas*

5.2.1. [icons] **Escucha estas opiniones de diferentes jóvenes sobre el tiempo libre y relaciónalas con el tema que tratan.**
[10]

echar la bronca

a El problema del ruido en los locales.

b El poco dinero de algunos.

c La posibilidad de otras propuestas de ocio diferentes.

d La ausencia de otras alternativas.

e Disfrutar de la calle proponiendo soluciones para evitar los problemas que conlleva.

f Colaborar como voluntario.

Lauren Guidot

5.3. Leed algunas de las quince medidas propuestas por el Gobierno para frenar el consumo de alcohol. Seleccionad las más interesantes y, por otra parte, las más conflictivas, las que pensáis que no sirven. Vamos a discutirlo en clase.

1. Elaboración de una normativa que prohíba el consumo de alcohol en la vía pública, aunque no afectará a las fiestas populares ni a las terrazas.

2. La edad mínima permitida para beber alcohol será 18 años.

3. Implantación de una asignatura de educación para la salud en primer y segundo curso de la ESO.

4. Limitar la publicidad y promoción de bebidas alcohólicas.

5. Endurecimiento de las sanciones a los establecimientos que expendan bebidas a los jóvenes, incluso podrían cerrarse los locales.

6. A los menores que infrinjan la normativa no se les impondrán sanciones penales o administrativas, pero sí trabajos sociales (limpieza de las zonas de botellón, visitas a hospitales de parapléjicos...).

7. Campañas dirigidas a la población juvenil. El dinero incautado al narcotráfico financiará programas de ocio alternativo.

8. Desarrollo de programas de conducción segura.

9. Impulsar el papel de los servicios sanitarios y la implicación de los profesionales de la hostelería.

10. Pedir a los empresarios y fabricantes que no utilicen elementos propios de la cultura juvenil para promocionar sus productos.

5.3.1. ¿Cuáles serán las otras cinco medidas que faltan? Completad la normativa con las medidas que creáis oportunas.

1. ¿Crees que es importante aprender el vocabulario coloquial en la clase?

2. ¿Qué palabras coloquiales de las que conoces te parecen más útiles?

3. Lee este texto aparecido en el periódico *El Mundo*. ¿Pasa lo mismo en tu lengua?

El mundo hispanohablante es muy amplio, hay más de 300 millones de personas que pueden comunicarse gracias al español. Sin embargo, existen diferencias gramaticales y, sobre todo, léxicas, que hacen que haya cambios de significado en los términos, según el país hispano en el que nos encontremos (es bastante conocido el caso del verbo "coger"), así como vocabulario y expresiones propios de cada zona. Estas diferencias no afectan a la comunicación, aunque sí pueden dificultarla cuando se utiliza un lenguaje muy coloquial. Fíjate en la viñeta donde un argentino habla con un español:

Si un español escucha esta frase se quedará "en Babia". La expresión *hizo la rabona para irse a la pileta*, dicha por un español sería: *Hizo pellas (novillos) para irse a la piscina*. En el mundo, más de 300 millones de personas hablan español, pero un argentino y un español pueden tener dificultades de comunicación si no conocen el vocabulario propio que se utiliza en las diferentes partes del ámbito hispano.

¿Qué estrategias de comunicación aplicarías para poder entender el mensaje que te transmite otro compañero u otra persona?

Unidad 4

Pedro Almodóvar recogiendo el Oscar al mejor guión original por Hable con ella *(2002)*

Contenidos funcionales
- Hablar del desarrollo de las acciones
- Valorar algo cuantificando

Contenidos gramaticales
- Perífrasis de infinitivo, gerundio y participio
- Verbos de cambio:
    - *Ponerse* + adjetivos/adjetivos de color
    - *Volverse* + adjetivo/+ *un, una* + sustantivo + adjetivo
    - *Convertirse en* + sustantivo
    - *Hacerse* + sustantivo/adjetivo relacionado con profesión, ideología, religión, nacionalidad
    - *Llegar a ser* + sustantivo/adjetivo
    - *Quedarse/acabar* + adjetivo
    - *Terminar/acabar* + gerundio
- Acepciones de *dejar*

Contenidos léxicos
- Léxico relacionado con el cine

Contenidos culturales
- El cine español
- El director de cine español Pedro Almodóvar

1 El cine, ¿arte o negocio?

1.1. Antonio Machado, poeta simbolista español nacido en 1875, respondía así a una de las preguntas que le hizo un periodista del diario *El Sol* el 9 de noviembre de 1934 en una entrevista exclusiva:

¿Y el cine? ¿Lo considera usted arte?

El cine no es arte; es un medio didáctico maravilloso. Como vehículo de cultura es algo extraordinario. Como arte tiene hasta ahora un valor escaso. Yo creo que el cine perderá interés si sigue la tendencia de querer ser teatro.

1.1.1. La opinión de Antonio Machado data de 1934; desde entonces, el cine ha cambiado mucho, unos dicen que para bien, otros, que para mal. ¿Estáis de acuerdo con Antonio Machado cuando dice que el cine no es un arte? ¿Qué valores podemos darle al cine de hoy? ¿Es más arte el teatro que el cine?

1.2. ¿Qué os sugiere este dibujo? ¿Cómo lo titularíais? ¿Qué creéis que está pensando el hombre? ¿Cuál es su estado de ánimo?

1.2.1. Lee el siguiente artículo de opinión sobre el cine español aparecido en la revista humorística *El Jueves* y ponle un título impactante.

El cine español vuelve a encontrarse en estado de alerta: ha bajado el número de espectadores, se produce poco porque las plataformas digitales no acaban de fusionarse y no sueltan ni un euro, grandes producciones recientes se han estrellado en la taquilla, hay un montón de profesionales en el paro, son un montón los proyectos que no avanzan por problemas de financiación...

Puede que hace un año estas noticias me inquietaran levemente, pero no me quitaban el sueño. Era una posición egoísta, propia de alguien que no tiene nada que ver con un negocio del que no forma parte: mi principal preocupación consistía en conseguir que alguna de mis novelas superara los 4000 ejemplares de venta, cosa que, hasta el momento, sigo sin lograr. Pero, ahora, las cosas han cambiado. Acabo de dirigir una película y me paso las tardes metido en la sala de montaje con Pepe Salcedo, joya del oficio con tres Goya en su haber y un Oscar de rebote, el que se llevó su amigo Pedro Almodóvar por *Todo sobre mi madre*.

Con Pepe se lo pasa uno muy bien, y es bastante normal que después de alguna secuencia, cuyo montaje mola lo suyo, a uno le entre el subidón y piense que se va a tener que llevar una carretilla a la próxima edición de los premios de la Academia para poder transportar cómodamente las estatuillas que le van a caer. En esos momentos, para volver a la realidad, nada mejor que salir de la sala de montaje y deambular por el pasillo de Cinearte, la empresa que nos aloja, para observar los carteles de una serie de películas en las que sus directores pusieron las mismas esperanzas que yo en la mía. La mayor parte de esas películas no duraron una semana en las salas, nadie fue a verlas y no recaudaron ni la mitad del dinero que costó producirlas.

Tras esta lección de humildad, te recitas mentalmente el famoso latinajo *sic transit gloria mundi* y vuelves al tajo, a seguir intentando que esa historia que rodaste guste y capte, a ser posible, el interés de un número suficiente de espectadores para que el productor te financie tu próximo delirio. ¿Para qué te vas a amargar pensando en la crisis del cine español? Existir, existe. En general, la gente prefiere ver películas americanas aunque sean tan malas como las nuestras.

Cuestan más dinero, se ven más lujosas, y el personal debe de pensar que la entrada cuesta lo mismo que las de las películas españolas, que a menudo están hechas con pocos *monises* (verbigracia, la mía). Pero también es verdad que algunas películas españolas (las de Almodóvar, Segura o Amenábar) recaudan millonadas, con lo que tampoco se puede decir que el espectador nacional practique por sistema el autoodio...

Lo cierto es que nadie entiende nada y que el público sigue siendo una entidad incomprensible. Mientras echo las tardes en la sala de montaje, pienso en la recepción de mi película. En los momentos de subidón, me veo en la cumbre, y después de mirar los carteles del pasillo me preparo para el desinterés y el ninguneo. Pero la verdad es que, suceda lo que suceda, me lo he pasado de miedo rodando, disfruto de lo lindo montando y he tomado la decisión de no dejarme echar de este fascinante negocio por la eterna crisis del cine español.

1.2.2. Subraya las palabras clave del artículo según tu visión. Después, contrástalas con las que ha subrayado tu compañero. ¿Hay diferencias?

1.2.3. De estos cuatro resúmenes elige el que más se acerca a la idea principal del artículo y justifica tu respuesta.

- [ ] a. El cine español ha dejado de tener protagonismo en las carteleras de los cines dando lugar a una eterna crisis. Las razones son múltiples y algunas de ellas hasta inexplicables.

- [ ] b. Los profesionales del cine español llevan sufriendo mucho tiempo una crisis por falta de financiación y por el éxito del cine americano en el público español.

- [ ] c. El autor del texto ha empezado a tener insomnio por culpa de la crisis del cine español. Sueña con productores, espectadores que odian el cine español, carteles de películas fracasadas..., aunque al final dice que nada de esto merece la pena y que lo que hay que hacer es disfrutar al lado de profesionales y haciendo lo que te gusta, guste o no.

- [ ] d. Por extrañas razones, ante la misma calidad, los espectadores españoles prefieren ir a ver películas americanas antes que españolas, no hay una fórmula mágica y lo mejor es disfrutar haciendo algo que te gusta.

1.2.4. Hemos extraído del artículo las siguientes palabras relacionadas con el mundo del cine; léelas y las que no entiendas, intenta localizarlas en el texto para hacerte una idea de su significado al verlas en contexto. No mires el diccionario todavía.

☐ un espectador
☐ estrellarse *tener un colapso ≠ tener éxito*
☐ la taquilla *donde se compran entradas*
☐ un profesional
☐ un proyecto
☐ la financiación $
☐ dirigir una película
☐ la sala de montaje *SET*
☐ un (Goya) *El Oscar Español*

☐ una secuencia *escena*
☐ los premios de la Academia
☐ la estatuilla *oscar*
☐ el cartel *poster donde se pronuncia algo*
☐ producir una película
☐ rodar una película *filmar*
☐ el productor
☐ financiar una película
☐ la entrada

☐ el público
☐ estar en la cumbre
☐ el director
☐ una gran producción
☐ la sala
☐ recaudar *dinero que gana la película*
☐ el costo

1.2.5. De las palabras de 1.2.4. señala aquellas que hacen referencia a personas que giran alrededor del cine; después, amplía la lista lo máximo posible; puedes usar el diccionario. Asocia la persona a alguna acción, si es posible.

Ejemplo: *El maquillador* → *maquillar.*

1.2.6. Separa las palabras de 1.2.4. y compara con tu compañero.

Palabras relacionadas con la película antes de estrenarse

Palabras relacionadas con la película después de estrenarse

1.2.7. Del grupo de palabras con el que estamos trabajando, encuentra los sinónimos de las siguientes:

1. el espectador
2. financiar
3. la estatuilla
4. un profesional
5. una película de alto costo
6. estrellarse
7. estar en la cumbre

¡Cuidado! Puede haber más de un sinónimo.

1.2.8. **Elige verdadero o falso y busca la frase equivalente en el texto. Según el autor del artículo:**

	Verdadero	Falso
1. La única razón para que el cine español esté en estado de alerta es la escasez de dinero para financiar películas.		X
2. No se lo pasa bien haciendo cine ante el negro panorama del cine español y piensa dejarlo. *le da igual*		X
3. Nunca se había preocupado de la crítica situación en la que se encuentra el cine hecho en España porque, en realidad, él no se considera director de cine, sino novelista. →	X	
4. No merece la pena desanimarse por la crisis del cine español porque lo mejor es disfrutar con el trabajo y hacer disfrutar a los demás.	X	~~XX~~
5. Cuando crees que estás haciendo un buen trabajo, de repente, empiezas a soñar con el éxito hasta que te das cuenta de la cantidad de películas que han fracasado en taquilla.	X	

1.2.9. **Busca en el texto de 1.2.1. las siguientes expresiones relacionadas con los sentimientos y aventura un significado según el contexto. Escribe un ejemplo. Defiende, con tu compañero, las definiciones frente a la pareja de al lado.**

no me quita el sueño • mola lo suyo • me entra un subidón
¿para qué te vas a amargar? • me lo he pasado de miedo • disfruto de lo lindo

1.2.10. **Completa esta carta de Miguel, que ha empezado a estudiar cine en la universidad, con algunas de las expresiones de 1.2.9.**

Hola, Juanjo:

¿Cómo te va? ¡Qué raro escribirte una carta! Me parece que estoy en el siglo pasado. Bueno, yo creo que de vez en cuando viene bien pegar el sello y buscar un buzón, ¿no? Tiene su puntito...

Me acabo de instalar en la nueva residencia y ya hemos tenido nuestras primeras clases de cine, la universidad (1) _mola lo suyo_, es muy chula. En la residencia de estudiantes en la que estoy, no me puedo quedar porque cuesta un pastón, pero bueno, por ahora el tema de buscar piso (2) _no me quita el sueño_ porque hay mucha gente en mi misma situación y compartir piso será fácil. Además, en la universidad hay un servicio al estudiante dedicado a temas de alojamiento.

Me han dicho que al final de curso dan la oportunidad de rodar un corto a aquellos estudiantes que han sacado mejores notas ¡solo de pensar que yo podría ser uno de ellos (3) _Me entra un subidón_!, me encantaría, de verdad.

Otra cosa increíble es que ya nos han dado las fechas de todos los exámenes, ¿tú te crees? No hemos empezado y ya nos persigue el fantasma. En fin, lo mejor es no pensar en ello, (4) _¿para qué te vas a amargar?_ cuando tengan que venir, pues vendrán, ¿no? Es cuestión de echarle codos.

La ciudad no está mal, tiene bastante ambientillo por la noche, el sábado estuve en una fiesta de nuevos estudiantes y (5) _disfruté de lo lindo_. Además, conocí a un tío que tocaba un instrumento de aire australiano rarísimo, era como un tubo larguísimo, soplabas y salían unos sonidos alucinantes, me estuvo enseñando y la verdad es que (6) _me lo he pasado de miedo_ estaré más liado

Bueno, ya no te cuento más. La próxima vez te mando un e-mail porque estaré más liado que ahora y lo de sacar la lengua para pegar un sello cuesta mucho, tío, y no digamos ponerse a buscar un buzón amarillo.

Un saludo y pórtate bien,

Miguel

1.3. Fíjate en estas viñetas y, con tu compañero, reflexiona sobre lo que quiere decir *dejar* en la primera y lo que quiere decir *dejar* en la segunda.

1.3.1. ¿Puedes encontrar un sinónimo del verbo *dejar* en cada una de las viñetas anteriores?

1. Los he dejado en la estantería ➡ ....

2. ¿Ya has dejado de estudiar? ➡ ....

1.3.2. Completa este "recuerda" con el sinónimo que hayas utilizado en cada caso.

En la primera viñeta, el verbo *dejar* significa .... El verbo *dejar* en la segunda forma parte de la estructura: *dejar + de +* infinitivo y la usamos para hablar de la interrupción de una acción (que va en infinitivo). Es sinónimo de ....

He dejado de estudiar = ... *estudio* ....

Este tipo de estructura se llama perífrasis verbal.

1.3.3. ¿Puedes completar el siguiente cuadro con la información anterior?

Las .... verbales son expresiones compuestas por un verbo seguido del ...., del gerundio o del participio de otro verbo, introducidos o no por una .... La unión de estos elementos da una intención comunicativa diferente a la acción expresada por el infinitivo, gerundio o participio.

1.3.4. 👥🗨 **Relaciona las siguientes perífrasis verbales con lo que consideres que son sus intenciones comunicativas. Fíjate en los ejemplos.**

Perífrasis de infinitivo

1 **LLEVAR SIN** + infinitivo   *C*
   Llevo sin ir al cine más de tres meses.

2 **DEJAR DE** + infinitivo   *H*
   He dejado de tener protagonismo.

3 **TENER QUE** + infinitivo   *K/J*
   Tenemos que ir al estreno para hacer la crítica.

4 **DEBER DE** + infinitivo   *D/B*
   La gente debe de pensar que la entrada cuesta lo mismo.

5 **DEBER** + infinitivo   *J/k*
   Los protagonistas deben acudir al estreno de la película.

6 **PODER** + infinitivo   *D*
   Puede hablar de la película, la ha visto tres veces.

7 **IR A** + infinitivo   *F*
   Va a recoger el premio que ha obtenido.

8 **VOLVER A** + infinitivo   *E*
   El cine español vuelve a encontrarse en alerta.

9 **NO ACABAR DE** + infinitivo   *I*
   Las plataformas digitales no acaban de fusionarse.

10 **ACABAR DE** + infinitivo   *G*
   Acabo de dirigir una película.

11 **SEGUIR SIN** + infinitivo   *A*
   Sigo sin lograr la venta de 4000 ejemplares.

Comunica

a La realización no satisfactoria o la no realización en su totalidad de una acción.

b La probabilidad de la realización de una acción.

c La cantidad de tiempo que hace que alguien no realiza una acción.

d La posibilidad de la realización de una acción.

e La repetición o reanudación de una acción.

f La intención de la realización de una acción.

g La realización de una acción inmediatamente anterior al momento en que se produce el discurso.

h La interrupción de una acción.

i La constatación de la no realización de una acción ya intentada anteriormente.

j La necesidad u obligación de realizar una acción.

k La obligación de la realización de una acción.

Perífrasis de gerundio

12 **LLEVAR** + gerundio + expresión de tiempo   *M*
   Llevan sufriendo mucho tiempo.

13 **SEGUIR, ANDAR** + gerundio   *N*
   Sigues intentando que la historia que rodaste le guste a la gente.

14 **ACABAR** + gerundio   *L*
   Tuvo tanto éxito que acabó ganando un Oscar.

Comunica

l La realización de una acción después de un proceso largo o difícil.

m La cantidad de tiempo que alguien o algo ha ocupado en realizar una acción.

n La continuidad e insistencia de una acción.

Perífrasis de participio

15 **DEJAR** + participio   *P*
   Dejó terminada la película antes de morir.

16 **TENER** + participio   *O*
   Tiene compradas las entradas para mañana.

17 **DAR POR** + participio
   Ha dado por finalizado el "casting".

18 **LLEVAR** + participio
   Lleva hechas 20 películas.

Comunica

ñ La finalización de una acción que podría continuar.

o La realización de una acción en su totalidad.

p La finalización de una acción anterior a otra.

q La realización parcial de una acción.

1.3.5. 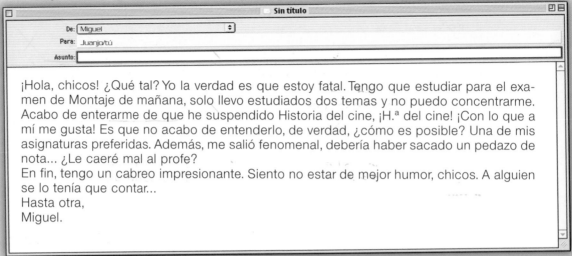 **Miguel, el estudiante de cine, os ha escrito a Juanjo y a ti este e-mail un poco deprimido.**

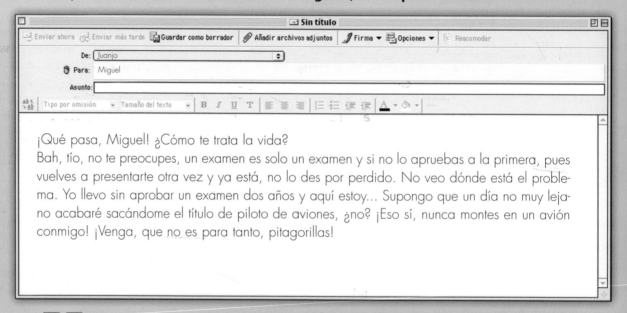

De: Miguel
Para: Juanjo/tú
Asunto:

¡Hola, chicos! ¿Qué tal? Yo la verdad es que estoy fatal. Tengo que estudiar para el examen de Montaje de mañana, solo llevo estudiados dos temas y no puedo concentrarme. Acabo de enterarme de que he suspendido Historia del cine, ¡H.ª del cine! ¡Con lo que a mí me gusta! Es que no acabo de entenderlo, de verdad, ¿cómo es posible? Una de mis asignaturas preferidas. Además, me salió fenomenal, debería haber sacado un pedazo de nota... ¿Le caeré mal al profe?
En fin, tengo un cabreo impresionante. Siento no estar de mejor humor, chicos. A alguien se lo tenía que contar...
Hasta otra,
Miguel.

Juanjo no tiene mucho tacto animando a la gente, lee lo que le escribió.

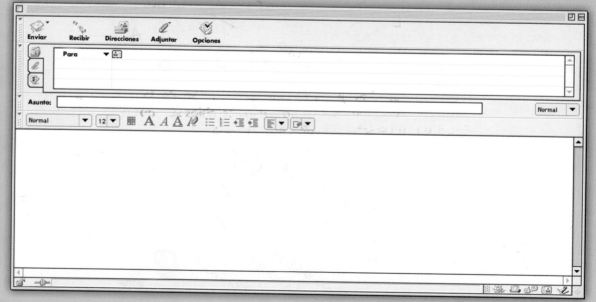

De: Juanjo
Para: Miguel
Asunto:

¡Qué pasa, Miguel! ¿Cómo te trata la vida?
Bah, tío, no te preocupes, un examen es solo un examen y si no lo apruebas a la primera, pues vuelves a presentarte otra vez y ya está, no lo des por perdido. No veo dónde está el problema. Yo llevo sin aprobar un examen dos años y aquí estoy... Supongo que un día no muy lejano acabaré sacándome el título de piloto de aviones, ¿no? ¡Eso sí, nunca montes en un avión conmigo! ¡Venga, que no es para tanto, pitagorillas!

1.3.6. **Ahora, señala las perífrasis que han usado Miguel y Juanjo. ¿Puedes usar tú tantas como ellos? Escribe un e-mail al pobre Miguel animándole de verdad y haz la prueba.**

1.3.7.  Escucha a esta actriz veterana que nos
[11] revela en un programa de radio llama-
do *Cinemás*, parte de su vida durante
una entrevista.

1.3.8. Tu compañero llega al final de la
entrevista, justo cuando el locutor introduce la
banda sonora de la película. Es su actriz favorita, cuéntale brevemente lo más interesante
de la misma.

1.3.9. ¿Conoces a alguien que haya tenido un antes y un después en su carrera? ¿Qué
fue lo que provocó ese antes y ese después? ¿Qué hizo? ¿Cómo le cambió la vida? Y
tú, ¿has tenido un antes y un después?

La **vida** es una **tómbola** 2

2.1. Vas a escuchar al locutor del programa de radio *Cinemás*. En este programa hay
[12] una sección dedicada a contar de una forma crítica las biografías de los actores.
En este caso, nos habla sobre la trayectoria profesional de una de las actrices
españolas con más proyección internacional, Penélope Cruz. Si no sabes nada
de su vida intenta predecir el contenido del texto contestando V/F y después,
comprueba.

Antes de escuchar			Después de escuchar	
V	F	1. Es la actriz española más conocida en EE. UU.	V̶	F
V	F	2. Antes de ser actriz quería ser cantante. *bailarina*	V	F̶
V	F	3. Ha trabajado con Pedro Almodóvar en varias ocasiones.	V̶	F
V	F	4. Se hizo famosa antes en Estados Unidos que en España.	V	F̶
V	F	5. Es la imagen de Ralph Lauren.	V̶	F
V	F	6. Nunca ha ganado un premio cinematográfico.	V	F̶
V	F	7. Es una seductora con los actores más famosos de Hollywood.	V̶	F
V	F	8. Le han dado el premio Limón a la peor actriz de EE. UU. *España*	V	F̶
V	F	9. Protagonizó, junto con Tom Cruise, *Vanilla Sky*.	V̶	F
V	F	10. No le gusta hablar con la prensa.	V̶	F

2.1.1. Vuelve a escuchar y busca, en la evolución de la carrera profesional de
[12] Penélope, los verbos que marquen los cambios sufridos por esta famosa, en su
vida y en su carácter o actitudes. Anótalos.

2.1.2. 👥 ✏️ **Mira la siguiente ficha y escribe las frases que hayas encontrado en el lugar correspondiente. Puedes añadir ejemplos propios.**

Transformaciones. Cambios que sufrimos o sufren las cosas

En español tenemos diferentes verbos según sea el cambio:

(anotación al margen: temporal)

- *Ponerse* **+ adjetivos/adjetivos de color:** expresa un cambio no definitivo en el aspecto físico o estado de ánimo. La evolución suele ir hacia lo positivo.

  Ejemplo:

  🔍 ¡Ojo! No se dice: *se puso enfadado (se enfadó)* ni *se puso curioso (sintió curiosidad)*.

(anotación al margen: rápido)

- *Volverse* **+ adjetivo/ un, una + sustantivo + adjetivo:** expresa un cambio rápido y a veces bastante duradero. La evolución suele ir hacia lo negativo.

  Ejemplo:

(anotación al margen: radical)

- *Convertirse en* **+ sustantivo:** expresa un cambio bastante radical, con carácter definitivo. Representa una transformación importante, a veces no querida expresamente por el sujeto, sino por las circunstancias.

  Ejemplo:

(anotación al margen: idealidad)

- *Hacerse* **+ sustantivo/adjetivo relacionado con profesión, ideología, religión, nacionalidad:** es un cambio visto más duradero y decidido por el sujeto.

  Ejemplo:

(anotación al margen: proceso)

- *Llegar a ser* **+ sustantivo/adjetivo:** cambio gradual, producto de un proceso, socialmente positivo.

  Ejemplo:

(anotación al margen: consecuencia)

- *Quedarse/acabar* **+ adjetivo:** expresa un cambio de estado resultado o consecuencia de una acción o situación anterior.

  Ejemplo:

(anotación al margen: gradual(-))

- *Terminar/acabar* **+ gerundio:** Cambio gradual socialmente negativo.

  Ejemplo:

2.2. 👤 ✏️ **Relaciona los elementos de las columnas; hay varias posibilidades, deberás justificar tu elección dando un contexto.**

1 Mi hermano pidió un crédito al banco y		a muy famosa por la escena final.
2 Esta película	hacerse	b roja como un tomate.
3 Cuando me encontré en el tren a mi actor favorito	ponerse	c nerviosa al escuchar hablar a ese periodista.
4 Marta	volverse	d empresario.
5 Este director de cine	llegar a ser	e muy miedoso, siempre va con un montón de guardaespaldas.
6 Dicen que el guionista de la película	acabar	f loco después de terminar de escribir el guion.
7 Tu amiga	quedar	g una persona importante dentro de la empresa, es muy ambiciosa.
8 Siempre dice que, después de rodar una película,	convertirse	h agotado, sin fuerzas.
9 Después de la fiesta, la casa		i muy sucia.
10 La sala de cine que había en mi pueblo		j en un centro cultural.

2.2.1. De las frases de 2.2., señala cuáles reflejan un cambio duradero y cuáles un cambio más o menos momentáneo.

2.3. Usamos *ponerse* + adjetivos de color para expresar un cambio no definitivo con relación al aspecto físico o estado de ánimo. Intentad relacionar las caras con los estados físicos o de ánimo del cuadro.

> enfado • miedo • vergüenza • envidia • empacho

Ahora, relacionad los colores con las caras y los estados de ánimo o físicos y escribid cinco expresiones con *ponerse* + adjetivos de color.

A. ....

B. ....

C. ....

D. ....

E. ....

¿Recordáis la última vez que tuvisteis esas caras? ¿Por qué fue?

2.3.1. Sois periodistas de investigación y os habéis decidido a entrar en el pasado de un director de cine de éxito. Su vida está llena de sorpresas; escribid vuestro artículo en función de las viñetas. No os olvidéis de los verbos de cambio y de las expresiones de color.

2.4. 👫 ⓒ **Vamos a jugar.**

3 Esto va **de cine**

3.1. 👤 🎧 **Estas cuatro personas que ves en las fotos han sido entrevistadas en la calle**
[13] **para el programa de radio *Cinemás*. Escucha lo que dicen acerca del cine espa-**
ñol y el cine americano y decide a quién pertenece cada una de las opiniones.

3.1.1. [13] **Vuelve a escuchar las entrevistas y escribe de forma resumida debajo de cada foto qué tipo de cine le gusta más y cuál es su opinión sobre el cine español y americano.**

> Cuando opinamos y valoramos para expresar nuestro punto de vista, utilizamos una serie de expresiones que matizan e intensifican nuestra opinión. Por ejemplo: *Este paisaje me resulta **extraordinariamente** bonito* es lo mismo que decir: *Este paisaje me resulta **muy** bonito.*

3.1.2. [13] **Vuelve a escuchar las opiniones y completa con sinónimos de *muy*.**

Álvaro:

1. En mi opinión el cine americano es .... comercial.
2. El cine español para mí es .... interesante.

Fernando:

1. Yo diría que tal y como están las cosas es .... preocupante.

Ernesto:

1. Algunas películas españolas te dejan .... mal rollo.

2. Yo voy al cine con mis colegas *pa* disfrutar .... y *pa* flipar ....
3. Amenábar me gusta también ....
4. Algunas comedias españolas son .... divertidas.

Lolo:

1. El cine americano es .... violento.
2. El cine de hoy en día es .... la inmoralidad.

3.1.3. **Vuelve a revisar las expresiones del punto 3.1.2. y decide cuáles te parecen de carácter coloquial.**

Expresiones de registro coloquial:

3.1.4. **Fíjate en estos cuadros y clasifica las siguientes expresiones según su estructura. Utiliza tu intuición. Presta atención, hay una estructura que no forma parte de ningún cuadro.**

> la tira de • sumamente • un huevo • cantidad • verdaderamente • cantidad de a tope • el colmo de • realmente • *de lo más* + adjetivo/adverbio • mogollón de

❶ Extraordinariamente + adjetivo/adverbio	❷ La mar de + adjetivo/adverbio	❸ Verbo + a saco	❹ Verbo + mogollón

3.2. **Lee el siguiente texto. ¿Qué es? ¿Dónde puedes encontrar textos de este tipo?**

Dirección: Mark Steven Johnson.

Intérpretes: Ben Affleck, Jennifer Garner, Michael Clarke Duncan.

El abogado Matt Murdock es ciego, pero sus otros sentidos se han agudizado tanto que se han convertido en poderes sobrehumanos. Por el día defiende a los desvalidos, y por la noche imparte su propia justicia. Película la mar de entretenida para ver en familia con los enanos de la casa.

3.2.1. Trabajáis para una revista en la cual hay una sección dedicada a recomendar las películas más interesantes. La sección se llama *Dinos con quién vas al cine y te diremos cuál es el mejor film que puedes ir a ver*. Primero, haced una lista de las últimas películas que habéis visto y clasificadlas en uno de los siguientes apartados.

• Películas:	padres e hijos	con amigos	con tu pareja	• Películas:	padres e hijos	con amigos	con tu pareja
	☐	☐	☐		☐	☐	☐
	☐	☐	☐		☐	☐	☐
	☐	☐	☐		☐	☐	☐
	☐	☐	☐		☐	☐	☐

3.2.2. Ahora, escribe una reseña de una película de cada sección en un lenguaje adecuado, según el público al que va dirigida. Puedes guiarte con esta ficha:

Ficha
Título de la película:
Director:
Actores :
Argumento:
Opinión:

1. Echa un vistazo durante unos minutos a las perífrasis verbales que hemos estudiado en esta unidad. Después escribe:

a. La perífrasis que has aprendido más fácilmente ....

b. La perífrasis que todavía no entiendes para qué sirve ....

c. La perífrasis que menos has usado ....

d. La perífrasis que has usado más ....

e. Las expresiones idiomáticas que has aprendido: ....

2. Compara y comenta tus respuestas con las de tu compañero, ¿coincidís en algunas?

3. Señala las palabras que conoces:

☐ intento   ☐ género   ☐ cineasta   ☐ cinta   ☐ antaño   ☐ ganas

4. A esta entrevista al director de cine Alejandro Amenábar se le han caído precisamente esas palabras, ¿puedes colocarlas? Cuidado, porque una de ellas aparece dos veces.

"Es un **(1)** .... de volver a un cine que creo que ya no se hace y que yo echaba de menos en el **(2)** .... del terror". Así ha definido Alejandro Amenábar su última película, *The Others (Los Otros)* (...)
Para el **(3)** .... español Alejandro Amenábar, la película encierra una depuración de su estilo y, al mismo tiempo, un **(4)** .... de hacer una **(5)** .... de terror como las de **(6)** ...., sin sangre y sin efectos especiales. (...)
Consultado sobre si espera que *Los Otros* ingrese en la carrera por los Oscar después de ser seleccionada para la competición oficial del Festival de Venecia, Amenábar ríe con **(7)** .... "Yo siempre digo que pensaba más bien en los Goya. Creo que se merece más de una nominación a los Goya". (...)

El País

Ahora, con el nivel de español que tienes, estás preparado para leer cualquier texto periodístico porque para entender lo que lees no es necesario conocer todas las palabras. El contexto te ayudará la mayoría de las veces a comprender aquellas palabras cuyo significado no esté claro para ti.

AUTOEVALUACIÓN

Unidad 5

Detalle de Tres músicos, de Pablo Ruiz Picasso (1921)

Contenidos funcionales
- Dar una opinión argumentando a favor o en contra por escrito y oralmente
- Expresar acuerdo, acuerdo parcial y desacuerdo en un registro formal e informal
- Narrar una historia o anécdota
- Hablar de trayectorias vitales

Contenidos gramaticales
- Conectores de la argumentación
- Revisión: usos de pasados

Contenidos léxicos
- Léxico relacionado con la música
- Léxico relacionado con la pintura

Contenidos culturales
- El problema de la piratería musical en España
- Música latina. Celia Cruz, Ricardo Arjona y Shakira
- La zarzuela
- El cubismo: Pablo Ruiz Picasso y Juan Gris
- Literatura: Federico García Lorca

1 Con la música a otra parte

1.1. 👤 📖 Lee las opiniones que hemos encontrado en un *chat* de música.

✉ **Asunto:** Soy pirata, ¿y qué?   **De:** Panchok   **Enviado:** 05.01.2007 [03:28]

Sí, soy pirata de CD, ¿y qué? No puedo comprar discos de hasta 22 euros porque sencillamente NO TENGO DINERO PARA COMPRARLOS. ¿Y qué hago? Me gusta mucho la música, si no los pirateo, no puedo escucharlos. ¡Cómo no va a piratear la gente discos pudiendo comprarse una grabadora de CD por 100 euros y los CD vírgenes por HASTA 30 CÉNTIMOS como los compro yo! Además, cuando los artistas ganan dinero de verdad es en los conciertos, no con las ventas de discos. Como decía un cantante de un grupo: "Prefiero tener 1 000 000 de fans con discos piratas que 1000 con discos originales", ¡TOMA YA! ¡DI QUE SÍ!

✉ **Asunto:** Ya me gustaría   **De:** Scarwhop   **Enviado:** 20.01.2007 [18:54]

Ya me gustaría a mí tener, como dices en tu artículo, un sueldo de 1200 euros, o, bueno, con una grabadora también me valdría. Pero como no tengo ninguna de las dos cosas, estoy completamente a favor de la piratería, y si las discográficas están en desacuerdo, en lugar de hacer que los "manteros" pierdan el poco dinero que tienen, que presionen a las compañías que fabrican CD para vender, ¿o es que solo se atreven a meterse con el pez "chico"?

✉ **Asunto:** De acuerdo   **De:** Baracunatano   **Enviado:** 05.02.2007 [02:45]

Creo que tienes razón, y me parece que todos comparten la misma opinión. Me parece que todos deberían llegar a un acuerdo, deberían dejar de existir los programas como "Kazaa" para bajar música gratis, pero con la condición de que bajen los precios de los discos originales ya que, como tú dices, los precios son excesivos y creo que todos quedarían felices. ¡Ojalá algún día se den cuenta de que la respuesta al problema está muy clara, pero que nadie hace nada para ponerla en marcha!

1.2. 👤 🔤 Cuando, al dar una opinión, queremos defender una idea, utilizamos un argumento. Con tu compañero define qué es un "argumento" sin mirar el diccionario.

1.2.1. 👥 ✏ Vuelve a leer las opiniones del *chat* y extrae las frases que son un argumento, un ejemplo o una cita. Después, escríbelas en uno de estos tres cuadros.

Argumentos	Ejemplos	Citas
¡Cómo no va a piratear...!	Como los compro yo.	Como decía un cantante de un grupo...

🔍 Como habrás podido comprobar, en los mensajes del *chat* el lenguaje que se utiliza pertenece a la lengua oral aunque esté en forma escrita.

La argumentación también aparece en textos periodísticos. Su lenguaje es mucho más cuidado y formal.

¿Piratería de música?

El tema que hoy vamos a abordar no es un tema agradecido, al contrario, es un tema que genera polémica.

Según parece, el 40% de la música en este país es pirata. Una industria seria se encuentra en peligro por un grupo de desalmados. Hay que tener en cuenta distintos aspectos. Muchos profesionales han ido al paro, como recientemente Esteban, director de Marketing de EMI. Cada vez se editan menos discos, cada vez habrá menos autores noveles, cada vez habrá menos intérpretes que puedan dar conciertos. Consecuentemente, se perderán miles de puestos de trabajo, mientras cuatro delincuentes se hacen de oro por la inconsciencia de un grupo de clientes que consideran abusivo el precio del disco, 18 euros. ¿Realmente esta es la mentalidad que impera en nuestro país? ¿Es que nadie se ha parado a explicarle a la gente que el precio en los regímenes democráticos es libre, que un disco no es un artículo de primera necesidad sin el cual se puede vivir? ¿Es que nadie entiende que si 18 euros se considera un precio abusivo, lo adecuado es prescindir del producto? ¿Acaso las discográficas, como cualquier empresa, no invierten su dinero para obtener unos beneficios?

Las discográficas realizan sus grabaciones con su dinero y pueden comercializarlas como mejor les parezca. Si aciertan, ganarán, obtendrán su beneficio, y si se equivocan, les costará dinero. Por lo tanto, los demás no somos nadie para interferir en sus decisiones, salvo en la libre decisión de comprar o no comprar sus productos.

¿Han pensado en los costes que representan divisiones minoritarias como pueden ser las bandas sonoras, las nuevas músicas clásicas...? Ediciones discográficas de las que se venden menos de 75 ejemplares en toda España. ¿Creen que el pirata de turno les ofrecerá esa referencia?

Seamos serios. En este país, como en todos, siempre se han grabado cintas al amigo, la novia, los padres... Y ahora se graban CD y nadie debería estar en contra de eso. Pero de ahí a ver cómo algunas personas hasta distribuyen catálogos fotocopiados entre sus clientes y venden discos piratas a 3 euros en plena calle, cometiendo delito penal con total impunidad, va un mundo. El denominado "Top Manta" es una lacra que debe ser erradicada cuanto antes. Además, hay que tener en cuenta que los que compran estos discos cometen un delito penal, mantienen toda una mafia que obtiene cuantiosos beneficios a costa del trabajo ajeno, y envía al paro a honrados profesionales. Lo ideal sería que la Fuerza Pública y las autoridades judiciales se ocuparan de este fenómeno, pero no podemos olvidar que si nadie colaborase con esta delictiva actividad, el "Top Manta" no existiría.

Para terminar, solo me resta pedirles su colaboración, pedirles que no vuelvan a comprar un CD si no es original y, respecto al tema de las descargas en Internet, que sean conscientes de lo que hacen; no se trata de no usar lo que está disponible, pero como siempre, con moderación. Así, todos saldremos beneficiados.

Carlos Infante

Adaptado de Revista Filomúsica (n.º 29)

[Annotations: "mosqueo / enfadado", "ganen $ para la vida", "chain stand on end (miedo)", "ganar dinero fácilmente", "muy bueno y fácil", "desaparecer"]

A manera de introducción, podemos decir que últimamente no es posible ver la televisión, leer un periódico o revista o escuchar la radio sin que, periódicamente, salga un músico, un productor o cualquier otro ser humano con cara de cabreo, diciéndonos que no debemos comprar ni piratear música. Que la música se morirá si lo hacemos.

Bien, ante esto podemos adoptar dos posturas. O nos lo creemos y se nos ponen los pelos de punta, pensando que nunca jamás podremos escuchar música porque la música se está muriendo, o bien decidimos analizar un poco más a fondo el tema, pensamos en lo que nos están diciendo y en lo que está pasando, y nos relajamos un poco.

Personalmente opto por esta segunda opción.

Si pensamos e intentamos hacer un análisis sobre el tema del pirateo musical, hay que hablar de diferentes puntos. Lo primero que llama la atención es esa extraña asociación que se da desde la industria y las grandes compañías entre ellas y el arte musical. Supongo que es una cuestión de supervivencia. El trasfondo de todo esto es que se les está acabando el chollo y con él las ingentes cantidades de dinero que han venido ganando. Así que es normal que reaccionen de alguna manera. Los que no es tan normal es que debamos creerles. La música es una cosa, y el negocio, otra. Posiblemente muchas discográficas se irán al traste con el tiempo. No obstante, la música y los músicos seguirán ahí. desaparecer

El problema que subyace detrás de la polémica de la piratería es, ni más ni menos, el de un cambio de intermediario entre el músico y el oyente. Hasta ahora, dicho intermediario eran las discográficas. Sin embargo, la aparición de Internet (no nos engañemos, el gran foco de pirateo no son los CD piratas que compras en la calle, sino el mp3 por el que no pagas ni un euro) ha hecho que lo que antes era un monopolio de ciertas empresas termine. El intermediario, pues, ha desaparecido. Por lo tanto, la excusa de que sin discográfica los músicos no graban es falsa.

Este nuevo modo supone que el músico se gane los garbanzos haciendo lo que siempre han hecho los músicos: conciertos. Piratear la entrada de un concierto no es cosa fácil. Y quien desea asistir paga. Y ese dinero nunca ha ido a la discográfica.

Si he de ser sincero, no tengo ni idea de cómo arreglar los problemas más concretos de la producción musical, porque no estoy metido en este mundo. Sin embargo, sí puedo posicionarme en una postura dentro de lo que es ya un debate público. Y mi postura es a favor de la piratería. Esta no es sino un cambio de sistema, por lo que con los años dejará de llamarse así para adquirir un nombre no despectivo. Internet ha revolucionado, sin violencias, grandes parcelas de la sociedad, y los cambios que favorecen a la mayoría de la población son difíciles de atajar.

En resumen, se está produciendo, o ya se ha producido, un cambio, no solo en las leyes del mercado a este respecto, sino en la mentalidad de la gente. Llegan nuevos tiempos y es labor de los músicos adaptarse a ellos. En cuanto a las discográficas, estas deberían renunciar a ser multimillonarias y cambiar de sistema de trabajo o, simplemente, desaparecerán.

Manu Martínez

Adaptado de Fanzine Digital

1.3.1. **Ahora, después de señalar cuál es la idea principal que presenta el tema en cada uno de los dos textos, encuentra los argumentos principales que avalan dicha idea, según cada autor.**

Primer artículo

- **Idea que presenta el tema:** La música de este país se encuentra en peligro por un grupo de desalmados.

- **Argumentos principales:**

Segundo artículo

- **Idea que presenta el tema:**

- **Argumentos principales:**

1.3.2.  ¿Cuál de los dos artículos emplea un lenguaje más subjetivo y cuál se limita a exponer información para explicar su argumento? Identifica en el texto las frases, palabras o expresiones que constatan tu opinión.

Una de las características básicas de un texto argumentativo es la de convencer al interlocutor llevándolo a su campo. En la mayoría de los casos el lenguaje está cargado de elementos subjetivos, como pueden ser los adverbios y adjetivos y, a veces, estos se anteponen para llamar más la atención o forman parte de cadenas de estructuras similares.

1.3.3.  A lo largo de los dos textos, los autores van presentando sus opiniones o ideas y cada uno de ellos las presenta de diferente forma. Completa este cuadro según la forma de organizar el pensamiento que tienen los dos autores de los textos.

Presentar argumentos	Organizar argumentos	Añadir argumentos y opinar	Conclusión

- **Presentar el tema del que se va a tratar**
  - Vamos a hablar de una cuestión que…
  - A manera de introducción podemos decir…
  - Empecemos por considerar…
  - Lo primero que hay que decir es que…

- **Organizar los argumentos**
  - Habría que distinguir varios puntos…
  - Hay que tener en cuenta diferentes aspectos… en primer lugar…
  - Aquí hay que hablar de diferentes puntos…

- **Añadir o enumerar argumentos**
  - Podemos tener en cuenta también que…
  - Otro hecho importante es que…
  - Es más…
  - Además de…

- **Presentar nuestro punto de vista**
  - En mi opinión…
  - Estoy convencido de…
  - Lo que yo creo es que…
  - Desde mi punto de vista…

- **El punto de vista de otros**
  - Según…
  - Para…
  - En opinión de…

- **Oponer argumentos**
  - Por un lado sí… aunque por otro…
  - Hay quienes opinan que… mientras que otros…
  - Hay una diferencia fundamental entre… y…
  - Parece que… pero en realidad…

- **Concluir**
  - Para terminar…
  - En conclusión…
  - Para concluir…
  - El problema/el tema que estamos tratando se puede resumir de esta manera…

1.3.4.  ¿Estás a favor o en contra de la piratería de la música? Argumenta tu opinión.

1.4. 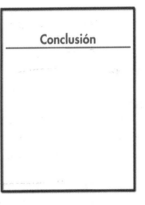 Haz un resumen de los argumentos que se han dado en clase para defender una de las dos posturas.

 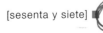

2.1.   **¿Qué diferencias podéis encontrar entre estos dos grupos musicales? ¿Conoces algo más sobre su carrera profesional?**

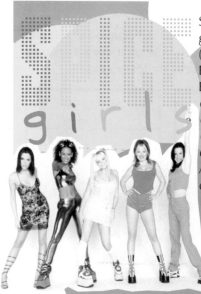

Se unieron en 1994 con el nombre de **Touch** bajo las órdenes de dos mánagers, Bob y Chris Herbert. El grupo lo formaban Geri (Geri Halliwell), Mel B (Melanie Brown), Victoria (Victoria Adams), Mel C (Melanie Chisholm) y Emma (Emma Bunton). Geri, alma del grupo, propuso el definitivo nombre. El momento mágico se produjo cuando una maqueta de las Spice Girls cayó en manos del mánager de Annie Lennox y les consiguió un contrato con la discográfica Virgin. Después, vinieron el marketing y la gloria tras arrasar en el mercado del pop con su disco "Spice", vendiendo más de cinco millones de copias. Por ello se llevaron en 1998 tres estatuillas de los American Music Awards. Antes de sacar su segundo álbum, "Spiceworld" (con película incluida), ya eran millonarias.

Entre ellas había tan buen rollo que, aparentemente, incluso toleraban sus carreras en solitario. Pero la marcha de la emblemática Geri –según ella, por tener ideas diferentes en lo profesional– hizo peligrar la continuidad del grupo y terminaron separándose. Puede que la bajada en picado de las Spice se debiera a una ausencia de tres años entre el segundo y el tercer disco. O puede que no. Lo único cierto es que las Spice dejaron de ser picantes.

Adaptado de http://www.portalmix.com/famosos/spicegirls/

the beatles

Los Beatles se dieron a conocer en 1962 con *Love me do*, su primer single; pronto se convirtieron en el grupo pop de mayor éxito de la historia. En 1963, los Beatles eran tan populares que sus conciertos se convertían en una locura colectiva. Sus fans gritaban tanto que era casi imposible oír lo que tocaba el grupo. La "beatlemanía" pronto se extendió por Europa y más tarde por EE. UU. Sus canciones eran ingeniosas, profundas y reflejaban el sentimiento de una época. Su música es paradigma de la década de los 60. El compositor Aaron Copland dijo: "Si quieren saber cómo fueron los sesenta, escuchen la música de los Beatles".

2.2. [14] **A continuación, vas a escuchar el programa *Música sí* de la radio, dedicado a los cantantes impulsados por productoras musicales con fines comerciales. Hay muchas expresiones coloquiales y, para ayudarte a entenderlas, vamos a relacionar cada expresión con su significado.**

1 Estar de capa caída C	**a** que oculta su nombre o personalidad
2 Estar al corriente D	**b** tener una persona o cosa éxito, ser muy bien aceptada
3 No comerse ni una rosca G	**c** perder algo o alguien la autoridad, vigencia, posición social o económica, salud, etc., que tenía
4 Ser un *yogurín* E	**d** estar enterado o informado de aquello de lo que se trata
5 Por antonomasia F	**e** chico/a joven
6 Estar en el anonimato A	**f** el más propio y auténtico
7 Arrasar B	**g** no conseguir alguien ninguno de los objetivos que se ha fijado
8 Listillos H	**h** persona que presume de saber mucho o de ser muy entendido en alguna materia

smart/alie

2.2.1. 👤 ✏️ ¿Qué oyentes están a favor y cuáles están en contra?

2.2.2. 👤 🎧 Vuelve a escuchar la grabación. [14] ¿Qué expresiones utilizan para expresar su opinión?

	A favor	En contra	Expresiones utilizadas
Oyente 1	☐	☐	
Oyente 2	☐	☐	
Oyente 3	☐	☐	
Oyente 4	☐	☐	
Oyente 5	☐	☐	
Oyente 6	☐	☐	
Oyente 7	☐	☐	

2.3. 👥 ✏️ Ya sabéis cómo se expresa acuerdo y desacuerdo, pero vamos a aprender algunas expresiones más. Clasifícalas:

1 ▸ No estoy de acuerdo al cien por cien
2 ▸ No estoy de acuerdo
3 ▸ No lo veo bien
4 ▸ Estoy de acuerdo
5 ▸ Vale
6 ▸ No lo veo muy claro que digamos
7 ▸ ¡Claro que sí!
8 ▸ ¡Muy bien dicho!
9 ▸ En efecto
10 ▸ No es que lo vea mal
11 ▸ ¡Por supuesto que no!
12 ▸ Estoy a favor
13 ▸ Puede ser, pero
14 ▸ Evidentemente
15 ▸ Eso no tiene sentido
16 ▸ Lógico
17 ▸ Es indudable
18 ▸ Es obvio
19 ▸ Soy de la misma opinión
20 ▸ Yo en eso discrepo

Expresar acuerdo	Expresar acuerdo parcial	Expresar desacuerdo
4 8 14 18 5 9 16 19 7 12 17	1 10 13	2 15 6 20 11 3

2.3.1. 👤 ✏️ Las siguientes expresiones pertenecen al lenguaje coloquial. Algunas son sinónimos de la negación "no" y con las otras expresamos desacuerdo implicando al interlocutor. Clasifícalas en estos dos cuadros.

	Negación enfática	Desacuerdo		Negación enfática	Desacuerdo		Negación enfática	Desacuerdo
• ¡Estás mal de la cabeza!	☒	☐	• ¡No digas tonterías!	☐	☒	• ¡Eso!	☒	☐
• ¿Y eso, de dónde lo has sacado?	☐	☒	• ¡Tú estás loco!	☒	☒	• ¡Anda ya!	☒	☐
• Deja de decir chorradas	☐	☒	• ¡Que te crees tú eso!	☒	☐	• ¡Ni de coña!	☒	☐
• ¡Jamás de los jamases!	☒	☐	• ¡Nunca en la vida!	☒	☐	• ¡Ni en broma!	☒	☐
• Eso no tiene ni pies ni cabeza	☐	☒	• Pero ¿qué dices?	☐	☒	• ¡Ni lo sueñes!	☒	☐
• ¡No me vengas con historias!	☒	☐	• No sabes lo que dices	☒	☒	• ¡Estás listo!	☒	☐

2.3.2. Elige una de las dos opiniones y defiéndela argumentando, rebatiendo las opiniones de tu compañero, expresando desacuerdo, acuerdo parcial y llegando, al final, a un acuerdo.

Casarse
Vivir en pareja

Comprar un ático
Comprar una planta baja

Ir en coche
Ir en moto

Ir a la playa
Ir a la piscina

Vivir en un apartamento
Vivir en una casa

3 ¿Actuamos como **pensamos**?

3.1. Hazle esta encuesta a tu compañero para verificar que, efectivamente, es consecuente con su opinión a favor/en contra de la piratería.

1. ¿Tiene discos piratas?

☐ Sí   ☐ No

2. Responda solo si ha contestado "Sí" a la anterior pregunta. **¿Cómo ha conseguido sus grabaciones piratas? Puede marcar varias opciones si así lo desea.**

☐ Busco las canciones en Internet.

☐ Compro discos en los "top manta" de la calle.

☐ Copio CD con la grabadora de un ordenador.

3. ¿Considera lícito hacer copias de un disco que ha comprado?

☐ Sí   ☐ No   ☐ No me lo planteo.

4. ¿Qué opina del intercambio de música a través de Internet?

☐ Me parece lícito en todos los casos.

☐ Me parece lícito siempre que no haya dinero de por medio.

☐ Me parece una práctica fraudulenta que pone en peligro el futuro de la música.

5. ¿Qué le parece comprar los discos en el "top manta"?

☐ Me parece bien.

☐ No me parece bien, pero la diferencia de precio es tan grande que no me puedo resistir.

☐ No me parece bien y, por tanto, no compro discos en las "mantas".

CONTINÚA ⇥

6. Si es cliente de los "top manta", ¿qué clase de discos compra?

☐ Discos de cantautores.

☐ Discos que pasan de moda rápidamente.

7. ¿Quién cree que es el principal perjudicado? Puede marcar varias opciones si así lo desea.

☐ Los artistas.

☐ Las compañías de discos y las tiendas.

☐ El público. El pirateo terminará con la música.

8. ¿Cuáles de estas medidas cree que combatirían el pirateo musical? Puede marcar varias opciones si lo desea.

☐ Que los precios de los CD fueran más bajos.

☐ Que los CD incluyeran material extra como vídeos interactivos, mejores libretos, etc.

☐ La creación de sistemas de suscripción para Internet a precios razonables.

9. ¿Cuál de estas frases cree que resume la actuación del Gobierno ante el fenómeno de la piratería?

☐ El Gobierno está actuando de manera activa ante la piratería.

☐ El Gobierno no está haciendo nada para erradicarla.

☐ El Gobierno está decidido a acabar con la piratería con medidas concretas, pero se encuentra todavía aletargado.

10. ¿Cuál de estas frases cree que resume la actuación de la industria musical ante la piratería?

☐ La industria acierta al defenderse porque le están quitando lo que le pertenece.

☐ La industria se equivoca. Se niega a ver que es insostenible y que debe adoptar medidas como la de los precios.

☐ La actitud de la industria es cínica. Sabe que hay que adoptar medidas, pero retrasa intencionadamente la resolución de los problemas.

3.1.1. Después de hacer la encuesta, saca tus conclusiones y dile a tu compañero si el resultado corresponde con la opinión que dice tener o se contradice. Él deberá argumentar sus ideas y pedirte las razones que te han hecho sacar esa conclusión después de haberle hecho la encuesta.

¡Azúcar! 4

4.1. La música es un reflejo de culturas y un embajador de estas. Tienes cinco minutos para anotar canciones o cantantes relacionados con la música latina.

Música latina

4.1.1. Los ritmos latinos han enriquecido, sin duda, el panorama musical mundial. Señala, de los siguientes ritmos, cuáles son hispanos.

México
Cuba
Rep. Dominicana
Honduras Haití
Guatemala
El Salvador Nicaragua
Costa Rica
Panamá
Venezuela
Guyana
Surinam
Colombia Guayana francesa
Ecuador
Perú Brasil
Bolivia
Paraguay
Argentina
Chile
Uruguay

- ☐ **1.** el tango
- ☐ **2.** el bolero
- ☐ **3.** el rock-and-roll
- ☐ **4.** el merengue
- ☐ **5.** la polka
- ☐ **6.** la rumba
- ☐ **7.** la cumbia

- ☐ **8.** el chachachá
- ☐ **9.** el rap
- ☐ **10.** la bachata
- ☐ **11.** el vals
- ☐ **12.** el blues
- ☐ **13.** la samba
- ☐ **14.** la ranchera

4.1.2. ¿Con qué países relacionas los ritmos hispanos de 4.1.1.?

4.1.3. [15] Escucha estos fragmentos de música latina e identifícalos.

4.1.4. Elegid, de estos temas, los cinco que, según vosotros, más se repiten en las canciones. Después, entre toda la clase, deberéis llegar a un acuerdo en los dos más recurrentes.

- ☐ el amor
- ☐ el desamor
- ☐ la música
- ☐ los celos
- ☐ la paz
- ☐ el amado
- ☐ la amada

- ☐ una ciudad
- ☐ la injusticia
- ☐ la amistad
- ☐ el mar
- ☐ la libertad
- ☐ otros...

4.1.5. En una canción, ¿qué es más importante para ti: la letra, la voz o la melodía? ¿Tiene más valor un cantautor que un cantante sin más? ¿Cómo definirías el estilo de cantautor?

4.2. Vas a escuchar una canción de un cantautor guatemalteco conocido en el mundo hispano, Ricardo Arjona. La canción se titula *Ella y él*. El primer verso dice: "Ella es de La Habana, él, de Nueva York". Inventa la historia de estas dos personas. Para guiarte, puedes contestar a estas preguntas:

- ¿Cómo es él?
- ¿Y ella?
- ¿Cuáles son sus gustos?
- ¿A qué se dedican?
- ¿Cómo y dónde se conocieron?
- ¿Qué mensaje quiere transmitir la canción?

4.2.1.  **Escucha la canción y subraya las coincidencias con tu historia. Ahora, puedes** [16] **responder a las preguntas de 4.2.**
Por cierto, ¿sabrías decir qué ritmo es el de la canción: un tango, una cumbia...?

4.2.2. **Escucha otra vez la canción y completa con los elementos que hacen referen-** [16] **cia a Cuba.**

Ella es de ...., él, de Nueva York.
Ella baila en ...., a él le gusta el rock.
Ella vende besos en un burdel,
mientras él se gradúa en UCLA.

Ella es medio ...., él es republicano.
Ella quiere ser artista, él odia a los cubanos.
Él cree en la Estatua de la Libertad
y ella en .... de la soledad.

Él ha comido hamburguesas, ella, ...
Él, el champagne con sus fresas, ella, ...
Ella se fue de gira a Yucatán
y él, de vacaciones al mismo lugar.

Mulata hasta los pies, él, rubio como el sol.
Ella no habla inglés, y él, menos español.
Él fue a tomar un trago sin sospechar
que iba a encontrar el amor en aquel lugar.

Lo que las ideologías dividen al hombre,
el amor con sus hilos los une en su nombre.

CORO
 Ella mueve su cintura al ritmo de un tamtan
 y él se va divorciando del Tío Sam.
 Él se refugia en su piel... la quiere para él
 y ella se va olvidando de.................
 ¡Qué sabían Lenin y Lincoln del amor!
 ¡Qué saben .... y Clinton del amor!

Ella se sienta en su mesa, él tiembla de la emoción.
Ella se llama Teresa y él se llama John.
Ella dice: "Hola, chico", él contesta: "Hello".
A ella no le para el pico, él dice: "Speak slow".

Él se guardó su bandera, ella olvidó los conflictos.
Él encontró la manera de que el amor salga invicto.
La tomó de la mano y se la llevó.
El yanqui de la cubana se enamoró.

Lo que las ideologías dividen al hombre,
el amor con sus hilos los une en su nombre.

CORO
 Ella mueve su cintura al ritmo de un tamtan
 y él se va divorciando del Tío Sam.
 Él se refugia en su piel... la quiere para él
 y ella se va olvidando de ....
 ¡Qué sabían Lenin y Lincoln del amor!
 ¡Qué saben .... y Clinton del amor!

Ahora viven en París. Buscaron tierra neutral.
Ella logró ser actriz, él es un tipo normal.
Caminan de la mano, calle Campos Elíseos,
como quien se burla del planeta y sus vicios.

¿Eras adolescente?

¿Estabas de vacaciones?

4.2.3. **Hemos visto que la música, además de expresión cultural, representa una unión de culturas; pero, además de eso, también es un importante testigo de nuestra vida. Muchas canciones nos hacen recordar momentos del pasado. Escribe en un papel los títulos de las canciones que son importantes en tu vida y el nombre de los intérpretes. Tu compañero te va a hacer preguntas hasta saber por qué es importante para ti esa canción. Tú sólo podrás contestar sí o no. Luego, tú harás lo mismo. Pensad en:** *momento de la vida, circunstancias en que estabas, estado anímico, qué hacías, qué pasó...*

5 Un número uno

5.1. La colombiana Shakira también compone sus canciones. Ella es una cantautora muy especial, ¿sabes por qué? Ordena este artículo de revista a modo de biografía, y léelo para responder a la pregunta.

6 Y lo hizo tan realmente bien que la compañía la contrató al momento. El mundo empezó a oír entonces su exótico nombre y a quedarse fascinado por su rasgada voz y su impresionante contoneo de caderas sobre el escenario.

2 Sus padres flipaban viendo la decisión de aquella niña que no levantaba dos palmos del suelo y que se encerraba día y noche en su habitación para escribir canciones. Por eso, no se extrañaron lo más mínimo cuando, con ocho años, Shakira les enseñó la primera canción que había compuesto: "Tus gafas oscuras", un tema que dedicó a su padre.

8 Esta chica es pura magia. Su canción "Suerte" es la culpable de que trillones de caderas se contoneen a un ritmo desenfrenado. El título parece una premonición porque, viendo dónde ha llegado, solo podemos exclamar: ¡Menuda suerte! Pero Shakira se lo ha tenido que currar de lo lindo para saborear la dulzura de la fama...

7 *En 1993*, Shakira grabó su segundo disco, *Peligra*, que no tuvo demasiado éxito y las dudas la empezaron a invadir. Unas dudas que se convirtieron en auténtica felicidad con *Pies descalzos*, su siguiente y exitoso álbum, que la dio a conocer mundialmente. Viajes, conciertos, entradas agotadas y también lleva ganados 21 discos de oro, 54 de platino, los Grammy, los MTV Award... Con *¿Dónde están los ladrones?* y, por supuestísimo, con su último disco, *Servicio de lavandería*, Shakira acaba de iniciar una súper maratón que la ha llevado a lo más alto del firmamento.

4 Este concurso la convirtió en una pequeña gran estrella en su país, Colombia, y le permitió grabar su primer disco, "Magia", con solo 13 años. Pero el destino le tenía preparada la mayor de las muchas sorpresas que se iba a llevar en su vida...

1 Es una joven artista ya veterana en esto de la música. Ahí donde la ves, Shakira lleva cantando ¡desde los cinco años! Desde pequeñaja, tenía súper claro que quería dedicarse a la música, que había nacido por y para ella.

5 El gran salto a la fama lo dio con 14 años y, gracias a la popularidad que había alcanzado en su país, una gran compañía musical le propuso a Shakira participar en una prueba.

3 A partir de entonces, Shakira comenzó a aparecer en cantidad de programas de radio y televisión de su país. En 1988, participó por primera vez en el concurso "Buscando artista infantil" y lo ganó durante tres años seguidos.

Revista Super Pop, n.º 624.

1. **Contonearse:** mover los hombros y las caderas de forma exagerada al andar.
2. **Currar:** coloquialmente, trabajar.
3. **Veterana:** antigua y experimentada en una profesión o una actividad.
4. **Flipar:** coloquial, entusiasmar o gustar mucho.
5. **Descalzo:** sin calzado.

Ahora que ya tienes ordenada la biografía, ¿te has fijado en las expresiones de tiempo y en los tiempos de pasado? Subráyalos.

5.2. Recuerda los tiempos del pasado y relaciónalos con sus usos. Algunos tienen varias posibilidades. Busca apoyo en el texto sobre Shakira.

	Pretérito perfecto	Pretérito indefinido	Pretérito imperfecto	Pretérito pluscuamperfecto
1. La acción avanza	☐	☒	☒	☒
2. Es un pasado cercano al presente del hablante	☒	☐	☐	☐
3. Lo secundario de la historia que cuento va en ese tiempo	☒	☐	☒	☐
4. Se usa para preguntar o responder por experiencias o hechos sin importar el momento	☒	☒	☐	☐

CONTINÚA ••••••

	Pretérito perfecto	Pretérito indefinido	Pretérito imperfecto	Pretérito pluscuamperfecto
5. Para expresar posterioridad en el pasado, uso este tiempo	☐	☐	☐	☒
6. La acción no avanza	☐	☒	☒	☐
7. Cuando hablo de una acción pasada anterior a otra acción pasada, uso este tiempo	☐	☐	☐	☒
8. Se usa para hablar de acciones puntuales, momentáneas	☐	☒	☐	☐
9. Lo importante de la historia que cuento va en ese tiempo	☐	☒	☐	☐
10. Las acciones repetitivas en el pasado van en ese tiempo	☐	☐	☒	☐
11. Las circunstancias de la historia que cuento van en ese tiempo	☐	☐	☒	☐
12. Cuando quiero hacer una descripcion de algo o de alguien, uso ese tiempo	☐	☐	☒	☐
13. Es un pasado cerrado sin contacto con el presente	☐	☒	☐	☐
14. Lo uso para hablar de acciones simultáneas	☐	☐	☒	☐

5.2.1. Lee de nuevo el texto que habla sobre la vida artística de la <u>colombiana Shakira</u> y busca en él ejemplos de los usos de los pasados. Si no encuentras ejemplos de algún uso, invéntatelos.

Shakira

5.2.2. En Internet puedes encontrar páginas web dedicadas a tu cantante o grupo favorito. Básate en ellas para escribir un artículo parecido al de Shakira; vamos a hacer una revista de música entre toda la clase. Debéis usar las expresiones de tiempo que aparecen en 5.1.

5.3. ¿Qué le ha pasado a esta fan de Shakira? Fíjate en las viñetas para saber qué ha ocurrido y cuéntalo.

5.3.1. 🧑🎧 Ahora, escuchad los diálogos y comprobad vuestra versión.
[17]

5.3.2. 👥💬 Vamos a hablar sobre el fenómeno "fan". ¿Sois fan de algún cantante o grupo? ¿Os ha pasado alguna vez algo parecido a la chica de la audición? ¿Cómo se organizan las fans? ¿Cuál es su objetivo? ¿Crees que hay una edad determinada en la que uno tiende a tener mitos? ¿Qué tipo de cantantes tienen fans? ¿Qué importancia tiene el club de fans para los artistas?

6 Toca que te toca

6.1. 👥🔤 Tenéis cinco minutos para escribir los nombres de todos los instrumentos de música que se os ocurran. Luego, comentad qué instrumento os parece más nostálgico, alegre, romántico... Explicad vuestras razones.

6.2. 🧑📖 Pintores, poetas... han dedicado algunas de sus obras a instrumentos musicales. Observa los cuadros que te presentamos a continuación y lee la información.

Guitarra, Picasso, 1913

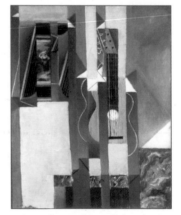

La guitarra, Juan Gris, 1913

El cubismo es la teoría estética aplicable a las artes plásticas (incluido el diseño) que se caracteriza por el empleo y el dominio sobre otros conceptos de figuras geométricas como pueden ser los rectángulos, los triángulos y los cubos de donde toma su nombre el movimiento cubista. El cubismo tuvo como centro neurálgico la ciudad de París, y como maestros del movimiento figuraban los pintores españoles Pablo Picasso y Juan Gris. Su característica más importante consiste en el abandono de la representación de una perspectiva única del tema y, en su lugar, combinar diversas perspectivas superpuestas, por lo general en formas geométricas. Este estilo tuvo auge entre 1907 y 1916. Su influencia sigue patente en el arte contemporáneo.

6.2.1. 🙍🎓 **¿Puedes deducir la relación que tenían estos dos artistas? ¿Qué diferencia hay entre los dos cuadros? ¿Conoces otras obras de estos artistas donde hayan hecho alusión a otros instrumentos musicales? Tu profesor te ayudará a obtener información.**

6.3. 🙍📖 **Federico García Lorca dedicó este poema a la guitarra.**

LA GUITARRA

*Empieza el llanto
de la guitarra.
Se rompen las copas
de la madrugada.
Empieza el llanto
de la guitarra.
Es inútil callarla.
Es imposible
callarla.
Llora monótona
como llora el agua,
como llora el viento
sobre la nevada.
Es imposible
callarla.
Llora por cosas lejanas.
Arena del Sur caliente
que pide camelias blancas.
Llora flecha sin blanco,
la tarde sin mañana,
y el primer pájaro muerto
sobre la rama.
¡Oh, guitarra!
Corazón malherido
por cinco espadas.*

Federico García Lorca (1898-1936), además de ser poeta y dramaturgo, fue dibujante, conferenciante y músico. Sus libros de poemas más conocidos son el *Poema del cante jondo* (1931), al que pertenece el poema "La guitarra", *Romancero gitano* (1928), donde crea toda una mitología sobre el gitano, sus pasiones y sufrimientos, revisando las percepciones estereotipadas sobre ese grupo étnico, y *Poeta en Nueva York*, colección de poemas surrealistas escritos como resultado de su estancia en EE. UU. Sus obras de teatro más conocidas son *Bodas de sangre*, *Yerma* y *La casa de Bernarda Alba*.

6.3.1. 🙍💬 **Responde a las preguntas razonando las respuestas.**

1 ¿Cómo se describe la música de la guitarra en el poema?

2 ¿Qué significado le podemos dar a "se rompen las copas de la madrugada"?

3 Di un sinónimo de "llanto de la guitarra".

4 ¿Por qué es imposible callar a la guitarra?

5 Explica las analogías entre "llora la guitarra", "llora el agua" y "llora el viento". Trata de describir otros fenómenos atmosféricos, por ejemplo, el huracán, el terremoto...

6 ¿Qué ejemplo da el poema de las "cosas lejanas" por las que llora la guitarra? ¿Crees que esa "cosa lejana" es fácil de conseguir? Explica tu respuesta.

7 Di el significado de las cosas por las que llora la guitarra.

8 Explica la imagen de la guitarra al final del poema.

6.3.2. **Escribid vosotros un poema similar intentando imitar el poema de Lorca, pero dedicándolo al instrumento más alegre que elegisteis al empezar el epígrafe.**

Empieza la risa
de ....

1. **Anota en fichas todas las palabras nuevas que has aprendido en esta unidad: por una cara la palabra y por la otra su definición con un ejemplo. Intenta comprobar que te las sabes todas sin mirar la cara de la definición.**

Recuerda que para poder usar el vocabulario nuevo que aprendes debes leerlo varias veces. Para ello usa estrategias como la de las fichas.

2. **¿Recuerdas expresiones para expresar acuerdo, acuerdo parcial y desacuerdo? Haz una lista y compárala con la lista de algún compañero tuyo.**

Sin duda, para argumentar o para expresar acuerdo y desacuerdo has conocido en esta unidad una lista bastante larga de conectores. Te aconsejamos que de esa lista elijas dos de cada tipo para retenerlos mejor y tenerlos siempre en la cabeza dispuesto a usarlos. Elige los que mejor pronuncies, los que sean más fáciles de retener, los más cortos, etc.

3. **¿Qué información interesante has descubierto en esta unidad?**

Unidad 6

Guernica *(1937)*. *Pablo Ruiz Picasso*

Contenidos funcionales
- Expresar hipótesis en el pasado
- Expresar condiciones posibles y poco probables en el presente y en el futuro
- Expresar condiciones irreales en el pasado

Contenidos gramaticales
- Pretérito imperfecto de subjuntivo
- Revisión del imperativo
- Estructuras condicionales:
  - *Si* + presente + presente de indicativo/futuro simple/imperativo
  - *Si* + imperfecto de subjuntivo + condicional simple
  - *Si* + pretérito pluscuamperfecto de subjuntivo + condicional compuesto o pretérito pluscuamperfecto de subjuntivo
  - *De* + infinitivo compuesto + condicional compuesto

Contenidos léxicos
- Léxico relacionado con la historia
- Textos formales: administrativos, jurídicos

Contenidos culturales
- Historia de España: II República, Guerra Civil, Posguerra
- Exilio
- Biografías de Miguel Hernández, Camilo José Cela, Rafael Alberti y José Antonio Primo de Rivera
- Literatura: Gabriel García Marquez y Jorge Luis Borges

1 **Memoria** histórica

1.1. Contesta este cuestionario:

1. ¿Te gusta la historia?

2. ¿Conoces bien la historia reciente de tu país?

3. ¿Tus padres y abuelos te hablan o te hablaron alguna vez de los acontecimientos históricos más importantes que han vivido o vivieron? Cuéntanos alguno.

4. ¿Crees que es importante recordar la historia? ¿Por qué?

5. ¿De qué se puede ocupar una asociación que se llame *Recuperación de la Memoria Histórica*?

6. Comenta con tus compañeros los cinco acontecimientos históricos más importantes para ti de los últimos cien años. ¿Coincidís?

1.2. Discute con tus compañeros el significado de los siguientes términos. Si no los conocéis, usad el diccionario.

- Preservar
- Reclamo
- Fosa común
- Globo
- Paulatino
- Represalia
- Mundo penitenciario

- Pionero
- Campo de concentración
- Depuración
- Cargos
- Conscriptos
- Fusilado

1.2.1. Lee este texto que informa sobre los trabajos de la *Asociación para la Recuperación de la Memoria Histórica*.

Existe en España un grupo dedicado a **preservar** la memoria histórica de las violaciones a los derechos humanos cometidas durante la dictadura franquista. Lleva el nombre de Asociación para la Recuperación de la Memoria Histórica (ARMH) y sus **reclamos** han llegado hasta el Alto Comisionado de
5   Naciones Unidas para los Derechos Humanos, a fin de que colabore y tome parte de ese objetivo.

Esperan que la ONU obligue a España a abrir las **fosas comunes** donde se supone que se encuentran personas desaparecidas durante la Guerra Civil. Pero la petición que efectúan incluye la entrega de sus restos a los familiares para que
10   les den digna sepultura, que se cree una comisión de la verdad, como en otros países donde ha habido dictaduras, y que se retiren de España todos los símbolos franquistas que "ofenden la dignidad de las víctimas".

La Asociación destaca que son 30 000
15   los desaparecidos españoles a lo   **CONTINÚA** ••••••

largo de la Guerra Civil y cita algunos casos masivos: en Mérida 3500, en Oviedo 1600, en Gijón 2000, en Sevilla 2500 y en Teruel la suma de 1005.

La iniciativa se apoya en la "Declaración sobre la protección de todas las personas contra las desapariciones forzadas", de 1992, emitida por la ONU y firmada por España, como por
20 casi todos los países del **globo**. La declaración obliga a todos los estados a disponer los medios necesarios para buscar a los desaparecidos o sus cadáveres.

Será difícil establecer con exactitud cuántos muertos causó la represión franquista. Sin embargo, la **paulatina** apertura de algunos archivos, sobre todo militares, ha permitido que el trabajo de los historiadores haya avanzado mucho en los últimos años. Según ellos, entre
25 1936 y 1943 hubo aproximadamente 150 000 víctimas mortales en actos de **represalia**, campos de concentración, trabajos forzados y cárceles. A esa conclusión se llegó durante el desarrollo del congreso titulado "Los campos de concentración y el **mundo penitenciario** en España durante la Guerra Civil y el franquismo", celebrado en Cataluña. El congreso, **pionero** en España en tratar específicamente sobre estos temas, arrojó resultados escalofriantes.
30 Según el historiador Javier Rodrigo, del Instituto Universitario Europeo de Florencia, en España funcionaron 104 **campos de concentración**.

Entre 1936 y 1939 pasaron por ellos alrededor de 370 000 personas, muchas de las cuales murieron por las malas condiciones higiénicas y alimentarias. Los campos cumplían la doble función de "**depuración**" y de "clasificación de los detenidos". En su interior, los presos
35 podían permanecer por un tiempo indeterminado a la espera de que llegaran **cargos** en su contra, o hasta ser integrados al ejército a modo de **conscriptos**, enviados a la cárcel, a batallones de trabajo o, directamente, podían ser **fusilados**.

El sistema de campos funcionó hasta 1942, pero las colonias penitenciarias y los batallones de trabajadores continuaron existiendo hasta bien avanzada la década de 1950. Según otros estu-
40 dios, fueron aproximadamente 400 000 personas las que se vieron obligadas a estos **trabajos forzados**.

Tuvieron a su cargo el levantamiento de más de 30 **embalses** y **canales**, cárceles como la de Carabanchel, en Madrid; viaductos y líneas férreas, como la de Madrid-Burgos y Madrid-Galicia.
45 Construyeron fábricas, trabajaron en **pozos mineros** y fueron explotados por empresas privadas, recibiendo un 25% del salario que les correspondía.

Adaptado de Martín Lozada Río Negro

1.2.2. Haz un resumen de cada uno de los párrafos del texto que acabas de leer.

1.2.3. ¿Existe algún movimiento similar en tu país? ¿Te parece útil esta iniciativa? ¿Para qué y para quién crees que puede servir?

1.3. 👤 🖊 **Para expresar hipótesis sobre el pasado, podemos usar el condicional y/o expresiones como:**

- *A lo mejor*
- *Puede ser que*
- *Tal vez*
- *Quizás*
- *Puede que*   **+ un tiempo verbal de PASADO**
- *Seguramente*
- *Lo mismo*
- *Igual*
- *...*

Pero ¿sabrías decirnos qué modo verbal usamos en cada caso y poner un ejemplo?

INDICATIVO   INDICATIVO/SUBJUNTIVO   SUBJUNTIVO

A lo mejor		
Ej.: A lo mejor llegó anoche.	**Ej.:**	**Ej.:**
Ej.:	**Ej.:**	**Ej.:**
Ej.:	**Ej.:**	

1.3.1. 👪 📷 **Hemos encontrado estas fotografías que, como podéis ver, pertenecen a nuestra memoria histórica. ¿Qué momento o situación creéis que reflejan?**

2.1. **Pregunta a tu compañero qué hace o qué va a hacer si…**

· Está enfermo.
· Pierde el billetero.
· No tiene móvil.
· Hace mal tiempo.

Ejemplo:

▶ *¿Qué haces si estás enfermo?*
▷ *Si estoy enfermo, voy al médico, nunca me automedico.*

Recuerda que para expresar la condición que ha de darse para que una acción se lleve a cabo usamos la estructura:

Si + presente de indicativo + $\begin{cases} \text{futuro} \\ \text{presente} \\ \text{imperativo} \end{cases}$

– *Si salgo de aquí, me largaré del país.*
– *Si sales de allí, vienes a vernos.*
– *Si sales de allí, ven a vernos.*

· En general, cuando una condición se realizó o pudo haberse realizado en el pasado, la concordancia es siempre en indicativo.

– *Si no había hecho nada malo, ¿por qué lo encarcelaron?*
– *Si lo encarcelaron, algo malo habría hecho.*

2.2. [18] **Hace un tiempo, circuló por Internet el supuesto testamento literario del importante escritor colombiano Gabriel García Márquez, en el que nos cuenta cómo se comportaría si se le diese una oportunidad de vida. Escucha y ordena el texto.**

○— **1.** ¡Dios mío! Si yo tuviera un corazón,
○— **2.** Dios mío, si yo tuviera un trozo de vida,
○— **3.** Si Dios me obsequiara un trozo de vida,
○— **4.** Si supiera que esta fuera la última vez que te vea salir por la puerta,
○— **5.** Si supiera que esta fuera la última vez que voy a oír tu voz,
○— **6.** Si supiera que estos son los últimos minutos que te veo,
○— **7.** Si supiera que hoy fuera la última vez que te voy a ver dormir,

a. vestiría sencillo, me tiraría de bruces al sol, dejando descubierto, no solamente mi cuerpo, sino mi alma.

b. escribiría mi odio sobre el hielo, y esperaría a que saliera el sol. Pintaría con un sueño de Van Gogh sobre las estrellas un poema de Benedetti, y una canción de Serrat sería la serenata que le ofrecería a la Luna. Regaría con mis lágrimas las rosas, para sentir el dolor de sus espinas, y el encarnado beso de sus pétalos...

c. no dejaría pasar un solo día sin decirle a la gente que quiero que la quiero. Convencería a cada mujer u hombre de que son mis favoritos y viviría enamorado del amor.

He aprendido que un hombre sólo tiene derecho a mirar a otro hacia abajo, cuando ha de ayudarle a levantarse. Son tantas cosas las que he podido aprender de ustedes; pero realmente de mucho no habrán de servir, porque cuando me guarden dentro de esa maleta, infelizmente me estaré muriendo.

Siempre di lo que sientes y haz lo que piensas.

d. te abrazaría fuertemente y rezaría al Señor para poder ser el guardián de tu alma.

e. te daría un abrazo, un beso y te llamaría de nuevo para darte más.

f. grabaría cada una de tus palabras para poder oírlas una y otra vez indefinidamente.

g. diría "te quiero" y no asumiría, tontamente, que ya lo sabes.

2.2.1. 👥 ✏️ **Completa este cuadro y escribe ejemplos, que puedes sacar del texto.**

- Por lo que parece, al menos en aquel momento, Gabriel García Márquez no tenía demasiada confianza en poder seguir viviendo, la condición de continuidad le parecía irreal, de ahí que eligiese la estructura:

Si + [_____] **+** [_____] .

Ejemplos:

- [_____]
- [_____]
- [_____]

- Pero también podría haber usado la estructura:

De + infinitivo + condicional

Ejemplo: [De saber que voy a oír tu voz por última vez, grabaría tus palabras...]

¿Puedes escribir con esta estructura algunos de los ejemplos anteriores?

- [_____]
- [_____]
- [_____]

2.2.2. 👥 🗨️ **Imagina que no tienes ningún tipo de restricciones, ¿qué harías con respecto a...?**

- el trabajo
- las vacaciones
- tu casa
- el coche
- tus padres
- los amigos
- esos amigos de tus amigos a los que no soportas
- el jefe
- tus estudios
- los viajes

Ejemplo: *Si viviera más cerca de mis padres, los visitaría cada semana.*

Si los amigos de Carmen vinieran a cenar con nosotros, yo no les hablaría.

2.3. 👥 🗨️ **Leed esta nota. ¿En qué circunstancias escribiríais vosotros una nota semejante?**

Ten mucho cuidado y presta mucha atención a todo lo que ocurra a tu alrededor; ya sabes que no hay nada mejor que la prudencia. Aquí todos estamos contigo.

Mucha suerte y adelante

Pues, no sé. Yo escribiría algo así si un amigo mío fuera a pasar una entrevista de trabajo, para darle ánimos y de paso algunos consejillos sobre la observación y la prudencia, que nunca vienen mal.

2.4. Lee los siguientes textos, pero antes relaciona estos términos con su definición.

1 Capitulaciones	•	**a**	Cantidad de dinero o cosa que se presta.
2 Compareciente	•	**b**	Cantidad producida por un capital invertido o prestado.
3 Préstamo	•	**c**	Con respecto a una persona, otra que le debe algo.
4 Deudor	•	**d**	Contrato o conjunto de condiciones relativas a un acto solemne.
5 Enajenar	•	**e**	Imponer sobre una cosa una carga o contribución o cualquier clase de pago.
6 Gravar	•	**f**	Persona que se presenta en un sitio a donde es llamado para realizar un acto legal.
7 Acreedor	•	**g**	Una persona con respecto a quien debe dinero.
8 Intereses	•	**h**	Vender o transmitir por otro medio una propiedad.

2.4.1. Lee e identifica cada texto con su definición.

> carta de presentación • escritura de préstamo con fiador •
> reserva de hotel • capitulaciones matrimoniales

1.

473G792030

...mparecen para otorgar escritura de capitulaciones matrimoniales:

...Segismundo Rodríguez Peralta, mayor de edad, soltero.

...).ª Esperanza Fernán Gerardi, mayor de edad, soltera.

...nozco a los comparecientes, les considero capacitados jurídica-
...ente para este acto y exponen:

I. Que tienen el propósito de contraer matrimonio el próximo
    día 23 de julio de 2007, en la parroquia de Nuestra Señora
    del Rosario, de esta localidad.

II Que tienen establecido para sus relaciones económico-
    matrimoniales futuras, el régimen de separación de bienes,
    a cuyo efecto,

...TIPULAN

PRIMERO:

2.

Para solemnizar préstamo simple comparece don Gerardo
Diego Martín,

CLÁUSULAS:

1.ª- Don Gerardo Diego Martín declara que ha recibido de
don Augusto Fernández Ríos, en concepto de préstamo, la
cantidad de 5900 euros.

2.ª- El deudor se obliga a devolver la cantidad en un plazo
de 5 años.

3.ª - Durante la subsistencia de este contrato no podrá el
prestatario, sin el consentimiento expreso o intervención
directa del prestamista, enajenar o gravar los bienes inmue-
bles que actualmente le pertenezcan; tanto el quebranta-
miento de esta prohibición como el no pago de los intereses
convenidos durante dos trimestres consecutivos producirá
el vencimiento del plazo fijado para la devolución de la cantidad prestada y podrá el acreedor, por lo tanto, proceder a
su reclamación por la vía judicial si el deudor dejare de realizar el pago dentro de los 20 días siguientes al requeri-
miento notarial que para ello se le hiciere.

3.

ENVÍO DE
FAX

Fecha: 7 de junio	**Págs. incluida esta:** 1
Asunto: Reserva de habitaciones Hotel La Campana	
De: Margarita Amaya	
Para: Andrés Aguilera	

Estimado señor,

En respuesta a su atenta carta del 3 de junio pasado, nos servimos comunicarle que hemos hecho efectiva la reserva de 3 habitaciones para los días 22 y 23 del presente mes.

4.

clínica
PASTOR

A QUIEN INTERESE:

Tengo el gusto de presentarles a la doctora Dolores Pérez Guijarro,
excelente pediatra, que formará parte de su equipo de investigación
durante los próximos tres meses. Les ruego pongan a su disposición
todos los recursos necesarios para que pueda llevar a cabo su labor
con eficiencia y eficacia.

2.4.2. Ahora, comenta con tus compañeros en qué caso o condiciones escribirías o te
verías en la necesidad de enfrentarte a esos textos.

Ejemplo:

▶ *Si tuviera mucho dinero y sintiese la necesidad de protegerme de mi futura esposa, haría la
declaración separada de bienes.*

▷ *Pero no es solo eso. Yo, si me casara, independientemente del capital que uno u otro tuvié-
semos, creo que la separación de bienes sería lo más adecuado.*

3 Salvo que...

3.1. A veces, no tenemos un especial interés en marcharnos a otro lugar, pero la vida obliga. ¿En qué lugares de los siguientes te costaría especialmente vivir?

☐ Buenos Aires, Argentina

☐ Chiapas, México

☐ Un poblado en la selva amazónica

☐ Peribeca (Los Andes, Venezuela)

☐ Monasterio de El Escorial (Madrid)

☐ Barcelona, España

☐ Lima, Perú

☐ Santiago de Chile, Chile

☐ La Habana, Cuba

☐ Barranquilla, Colombia

☐ Quito, Ecuador

☐ Todos Santos (altiplano de Guatemala)

3.2. Lee el texto.

El exilio español

La Guerra Civil española provocó la huida de cientos de miles de hombres, mujeres y niños ante la represión, la miseria y el hambre. El exilio español se extendió por medio mundo, por Europa y América, trabajando en campos, fábricas y comercios, enseñando en las universidades, luchando... Muchos de ellos no han vuelto a España, como Juan Fernández que así nos lo relata:

Salí pensando que nunca podría volver a España salvo que la situación política cambiase; a no ser que me entregara..., entonces parecía un imposible. Nunca volvería a ver a mi madre excepto si ella pudiera visitarme; no me casaría con María, mi novia, excepto que se exiliara como yo había hecho...

Todas estas cosas quedan en la memoria para siempre. Nunca volví a España por diversas circunstancias y ahora que puedo me resulta difícil. Después de tantos años, la familia que me queda es lejana. Yo los visitaría siempre y cuando me escribiesen e insistieran mucho en conocerme y con tal de que prometieran venir después por aquí siempre que les apeteciera y a condición de que nunca se sintieran obligados conmigo.

3.2.1. [icons] Fíjate en las estructuras que utiliza; subráyalas y completa el cuadro gramatical. No te olvides de escribir el ejemplo.

Para expresar la condición mínima imprescindible para que se produzca algo, usamos:

1. **Siempre que + subjuntivo**

    – *Siempre que les apeteciera.*

2. [_____] **+ subjuntivo**

    – [_____]

3. [_____] **+ subjuntivo**

    – [_____]

4. [_____] **+ subjuntivo**

    – [_____]

Para expresar condiciones que el hablante siente como la única eventualidad que puede darse para que se produzca o no se produzca algo, usamos:

1. **A no ser que + subjuntivo**

    – *A no ser que me entregara.*

2. [_____] **+ subjuntivo**

    – [_____]

3. **Excepto si + imperfecto subjuntivo** (en el pasado) (presente = pres ind., no subj)

    – [_____]

4. [_____] **+ subjuntivo**

    – [_____]

excepto, salvo, entonces, nunca, después, siempre

[icon] EXCEPTO SI/SALVO SI siguen las reglas de la conjunción SI para determinar el modo verbal de indicativo o subjuntivo.

3.2.2. [icons] ¿Recuerdas esos lugares del ejercicio 3.1. en los que, posiblemente, no vivirías jamás? Pues empieza a pensar en qué situación te irías y cuéntaselo a tu compañero; por supuesto, intenta usar las estructuras arriba señaladas.

4 Lo que pudo haber sido

4.1. 👫 🎧 [19] **Vas a escuchar una entrevista que Andrés Cáceres le hizo a Jorge Luis Borges, consagrado escritor argentino, en 1969, para *El Diario*. Resume primero en una línea las respuestas de Borges.**

1 **De haber nacido** en un pueblito africano, ¿cómo sería Borges?

Borges:...

Tu compañero: ....

2 ¿Y **si hubiera nacido** en el siglo XIX?

Borges:...

Tu compañero: ....

3 ¿Cuándo piensa volver a nacer, Borges?

Borges:...

Tu compañero: ....

4 ¿Y si le preguntara cuál es el último sueño que recuerda?

Borges:...

Tu compañero: ....

5 ¿Y, ahora, es feliz?

Borges:...

Tu compañero: ....

6 ¿Le gustaría ir a la Luna?

Borges:...

Tu compañero: ....

7 ¿Cómo debería ser un lunático?

Borges:...

Tu compañero: ....

8 Cuando uno se acostumbra, lo diferente resulta cotidiano.

Borges:...

Tu compañero: ....

9 ¿Qué contestaría si alguien golpeara a su puerta y le dijera: "Vengo a matarlo, Borges, le doy un minuto para encomendarse"?

Borges:...

Tu compañero: ....

10 ¿Si Dios fuera malo, el mundo sería mejor?

Borges:...

Tu compañero: ....

Jorge Lu

11 ¿En qué se parece una guerra a una obra literaria?

Borges:..

Tu compañero: ....

12 Hoy nevó en Mendoza después de mucho tiempo. ¿Le gusta la nieve?

Borges:..

Tu compañero: ....

13 ¿Hace mucho que no va al cine?

Borges:..

Tu compañero: ....

14 ¿Usted es psicodélico, Borges?

Borges:..

Tu compañero: ....

4.1.1. **Ahora, adapta las preguntas para hacérselas a tu compañero y anota sus contestaciones a continuación de las de Borges.**

4.1.2. **Para completar el cuadro, encuentra los ejemplos en las preguntas del ejercicio anterior.**

Cuando nos referimos a una condición que nunca se dio en el pasado, es decir, cuando hablamos de una condición irreal de pasado, usamos:

- *Si* + pluscuamperfecto de subjuntivo + condicional compuesto

  Ejemplo:

- *De* + infinitivo compuesto + condicional compuesto

  Ejemplo:

En la lengua coloquial también usamos:

- *Si* + *llegar a* (presente) + infinitivo, condicional compuesto/presente de indicativo
  Ejemplos:

  – *Si lo llego a saber, no habría venido.*

  – *Si lo llego a saber, no vengo.*

- *Si* + presente indicativo + presente de indicativo

  Ejemplo: – *Si lo sé, no vengo.*

4.2. ¿Te has preguntado alguna vez cómo hubiera sido tu vida si hubieses tomado otras decisiones distintas a las que tomaste? Piensa en tres o cuatro momentos de tu vida en los que te viste en un dilema, en la necesidad de tomar una decisión y explícales a tus compañeros qué pasó y qué piensas que hubiera pasado si hubieras actuado de otra forma.

Anota tus pensamientos:

4.3. Vais a leer una biografía de Miguel Hernández, poeta español que vivió la Guerra Civil española. Leed vuestro fragmento y comentad las dudas. Después, haced las preguntas correspondientes a vuestros compañeros sobre su fragmento y contestad las suyas.

grupo a

En Orihuela, un pequeño pueblo del Levante español, nació Miguel Hernández el 30 de octubre de 1910. Hijo de un contratante de ganado, su niñez y adolescencia transcurren en medio de la naturaleza, lo que le permite contemplar maravillado sus misterios: la Luna y las estrellas, la lluvia, las propiedades de diversas hierbas, los ritos de la fecundación de los animales. Solo el breve paréntesis de unos años interrumpe esta vida para asistir a la escuela del Ave María, anexa al colegio de Santo Domingo, donde estudia Gramática, Aritmética, Geografía y Religión. En 1925 tiene que abandonar el colegio para volver a conducir cabras por las cercanías de Orihuela. Pero no deja de leer: Gabriel y Galán, Miró, Zorrilla, Rubén Darío; a veces se pone a escribir sencillos versos a la sombra de un árbol realizando sus primeros experimentos poéticos. Conoce a Ramón y Gabriel Sijé y a los hermanos Fenoll, cuya panadería se convierte en tertulia del pequeño grupo de aficionados a las letras. El mundo de sus lecturas se amplía. El joven pastor va llevando a cabo un maravilloso esfuerzo de autoeducación con libros que consigue en la biblioteca del Círculo de Bellas Artes. Poco a poco, irá leyendo a los grandes autores del Siglo de Oro: Cervantes, Lope, Calderón, Góngora..., junto con algunos autores modernos como Juan Ramón Jiménez y Antonio Machado. Desde 1930, Miguel Hernández comienza a publicar poemas en el semanario *El Pueblo de Orihuela* y el diario *El Día de Alicante*. Su nombre comienza a sonar en revistas y diarios levantinos.

Primer viaje a Madrid y *Perito en lunas*

En diciembre de 1931, hace su primer viaje a Madrid con un puñado de poemas y unas recomendaciones que, al fin, de nada le sirven. Las semanas pasan y, a pesar de la abnegada ayuda de un puñado de amigos oriolanos, tiene que volverse, fracasado, a Orihuela. Pero, al menos, ha podido tomarle el pulso a los gustos literarios de la capital que le inspiran su libro neogongorino *Perito en lunas* (1933), extraordinario ejercicio de lucha tenaz con la palabra y la sintaxis, muestra de una invencible voluntad de estilo.

grupo b

Segundo viaje a Madrid

El amor de Miguel Hernández por Josefina Manresa encuentra formulación lírica en una serie de sonetos que desembocarán en *El rayo que no cesa* (1936). Las lecturas de Calderón le inspiran su auto sacramental *Quién te ha visto y quién te ve y sombra de lo que eras*, que, publicado por *Cruz y raya*, le abrirá las puertas de Madrid a su segunda llegada en la primavera de 1934. Lentamente, va creándose en Madrid su círculo de amigos: Altolaguirre, Alberti, Cernuda, Delia del Carril, María Zambrano, Vicente Aleixandre y Pablo Neruda. Entre ellos, trata de vender algunos números de la revista *El Gallo Crisis*, recién fundada por Ramón Sijé, pero que no tiene buena acogida entre algunos de los intelectuales de Madrid. Si Ramón Sijé y los amigos de Orihuela le llevaron a su orientación clasicista, a la poesía religiosa y al teatro sacro, Neruda y Aleixandre lo iniciaron en el surrealismo y le sugirieron, de palabra o con el ejemplo, las formas poéticas revolucionarias y la poesía comprometida, influyendo, sobre todo Neruda y Alberti, en la ideología social y política del joven poeta provinciano.

La Guerra Civil

El estallido de la Guerra Civil en julio de 1936 le hace tomar partido por la República. No solamente entrega toda su persona, sino que también su creación lírica se trueca en arma de denuncia, testimonio, instrumento de lucha ya entusiasta, ya silenciosa y desesperada. Se incorpora como voluntario al 5.º Regimiento. En plena guerra, logra escapar brevemente a Orihuela para casarse el 9 de marzo de 1937 con Josefina Manresa. A los pocos días tiene que marchar al frente de Jaén. Es una vida agitadísima de continuos viajes y actividad literaria. Todo esto y la tensión de la guerra le ocasionan una anemia cerebral aguda que le obliga, por prescripción médica, a retirarse a Cox para reponerse. *Teatro en la guerra* y dos libros de poemas han quedado como testimonio vigoroso de este momento bélico: *Viento del pueblo* (1937) y *El hombre acecha* (1939).

El poeta en la cárcel

En la primavera de 1939, ante la desbandada general del frente republicano, Miguel Hernández intenta cruzar la frontera portuguesa y es devuelto a las autoridades españolas. Así comienza su larga peregrinación por cárceles: Sevilla, Madrid, el seminario de San Miguel en Orihuela, Alicante… La situación precaria en la que vive le provoca una tuberculosis pulmonar aguda, que se agravará hasta provocarle la muerte el 28 de marzo de 1942, con treinta y un años de edad.

4.3.1.

Pregunta a tu compañero del grupo b
- ¿Volvió Miguel Hernández a Madrid? ¿Qué pasó?
- ¿Qué sabemos de su vida sentimental?
- ¿Conoció a alguien cuya amistad resultara relevante en su vida y su obra?
- ¿Qué sucedió durante la guerra?
- ¿Qué sucedió después de la guerra?
- ¿Qué escribió?

Pregunta a tu compañero del grupo a
- ¿Dónde y cuándo nació Miguel Hernández?
- ¿Cuál fue su entorno social y familiar?
- ¿Cómo fue su educación?
- ¿Conoció a alguien relevante en su futuro?
- ¿Salió de Orihuela en su juventud? ¿Cómo fue la experiencia?
- ¿Qué escribió en su primera etapa?

4.4. **Vas a escuchar las biografías de tres personajes cuyas vidas se vieron afectadas por la Guerra Civil; uno se quedó en España, otro se exilió y el tercero murió en los inicios del conflicto. Toma notas.** [20]

Camilo José Cela

Rafael Alberti

José Antonio Primo de Rivera

4.4.1. 👥🗨️ **Ahora, determina con tus compañeros a quién se refiere cada una de las condiciones irreales que exponemos a continuación. Justificad vuestras respuestas.**

> 1. Camilo José Cela   2. Rafael Alberti   3. José Antonio Primo de Rivera

- ☐ **a.** De no haberse casado con M.ª Teresa León, no habría nacido Aitana.
- ☐ **b.** Si no se llega a meter en política, tal vez no se habría formado la Falange Española de las JONS.
- ☐ **c.** Si hubiera luchado en el bando republicano, es posible que se hubiese visto obligado a salir del país.
- ☐ **d.** De no haber entrado en la Residencia de Estudiantes, igual no habría conocido a Lorca o a Gerardo Diego.
- ☐ **e.** Si la influencia de Azaña le hubiera alcanzado, quizás no habría sido ejecutado.
- ☐ **f.** Si los republicanos llegan a ganar la guerra, probablemente no se habría exiliado.
- ☐ **g.** Si no hubiera escrito *La familia de Pascual Duarte,* quizás no habría tenido problemas con la Iglesia.
- ☐ **h.** Si no hubiese colaborado en una sublevación militar, no habría sido detenido.
- ☐ **i.** De no haber sabido escribir, tal vez habría sido médico o abogado.
- ☐ **j.** Si no hubiera tenido tuberculosis, tal vez no habría descubierto el gusto por la literatura.
- ☐ **k.** Si no le hubieran dado una beca, no habría viajado a la Unión Soviética.
- ☐ **l.** Si su padre no hubiera sido objeto de crítica, él no habría tenido que reivindicar su memoria.

4.5. 👥 🗨️ **Piensa en un personaje y da pistas a tus compañeros para que adivinen de quién se trata, pero cuidado, todas las pistas tienen que ser condiciones que nunca se dieron en el pasado, es decir, tienes que seguir las estructuras del ejercicio anterior.**

Vamos a ver si te ha quedado claro el cuadro de las condicionales.

Primera condicional.

- Condicional real de presente. La acción se lleva a cabo si se produce la condición necesaria.

  Estructura: *Si* + ..., ...   Ej.: ....

  Si + ..., ...   Ej.: ....

  Si + ..., ...   Ej.: ....

- Si la condición se dio en el pasado, es decir, tenemos experiencia de ello.

  Estructura: *Si* + ..., ...   Ej.: ....

Segunda condicional.

- Condicional irreal de presente. Para que la acción se produjese, sería necesaria una condición que no se da en ese momento.

  Estructura: *Si* + ..., ...   Ej.: ....

  De + ..., ...   Ej.: ....

Tercera condicional.

- Condicional irreal de pasado. Hacemos referencia a una acción que nunca se produjo en el pasado, ya que no se dio la condición necesaria.

  Estructura: *Si* + ..., ...   Ej.: ....

  De + ..., ...   Ej.: ....

  Si + llegar a ...., ...   Ej.: ....

Condiciones restrictivas.

- Para marcar la condición mínima imprescindible para que se produzca una acción usamos:
  – *Siempre y cuando* Ej.: ....   – *Siempre que* Ej.: ....

- Para marcar la única eventualidad que puede producir algo, usamos:
  – *Salvo que* Ej.: ....   – *Excepto que* Ej.: ....
  – *A no ser que* Ej.: ....   – *Excepto si* Ej.: ....
  – *Solo si* Ej.: ....

Revisión ((1))

Polígono industrial de Madrid

Contenidos funcionales
- Hacer juicios de valor
- Dar una opinión argumentando/expresando acuerdo o desacuerdo
- Hacer recomendaciones
- Valorar propuestas, aceptarlas y rechazarlas
- Identificar lugares y personas

Contenidos gramaticales
- Oraciones de relativo
- Presente e imperfecto de subjuntivo
- Discurso referido
- Estructuras condicionales

Contenidos léxicos
- La empresa
- Profesiones y actividades
- El local comercial

Contenidos culturales
- Empresa y empleo

Vamos a
montar una **empresa**

1. 👫 📖 **Aquí tienes una lista de posibles empresas. Si no comprendes todo, tal vez tus compañeros te puedan ayudar; averigua junto a ellos de qué trata cada uno de los negocios.**

- Academia de idiomas
- Agencia de viajes
- Restaurante
- Agencia matrimonial
- Emisora de radio
- Cibercafé
- Jardín de infancia

- Gimnasio
- Organización de fiestas
- Todo a 100
- Instituto de belleza
- Residencia para mascotas
- Gabinete de astrología
- Servicios funerarios

- Tienda de ropa
- Agencia de publicidad
- _____
- _____
- _____
- _____
- _____

1.1. 👫 🗨 **Ahora, cada uno de vosotros deberá proponer un nuevo negocio que añadir a la lista anterior. Intentad que sean muy diferentes a los que ya hay.**

1.2. 👫 🗨 **Elige una de las posibles empresas y explica a tus compañeros por qué crees que esa sería la más interesante. Aquí tienes algunos ejemplos. Fíjate bien en los tiempos verbales y en las estructuras empleadas para hacer juicios de valor, recomendar y plantear hipótesis.**

💬 Los jardines de infancia hacen mucha falta; si pusiéramos uno, podríamos ganar mucho dinero.

💬 Yo digo que montemos un cibercafé porque en España mucha gente no tiene Internet en casa.

💬 Yo creo que sería mucho más interesante que montáramos un gimnasio para aprovechar la obsesión por el culto al cuerpo que hay hoy en día.

1.3. 👫 🗨 **Ha llegado el momento de votar la propuesta que os parezca más interesante. Hacedlo argumentando vuestra decisión y expresando acuerdo o desacuerdo con vuestros compañeros, como aprendisteis en la unidad 5.**

El negocio más votado es: _____

2. 👤 🗨 **Ya tenéis un proyecto para vuestro negocio; ahora, lo primero que necesitáis es alquilar un local donde poder montarlo. Pero antes tendréis que decidir qué características y condiciones deberá reunir este local. El profesor tomará nota de vuestras sugerencias, pero solo si usáis las estructuras que tenéis al lado.**

- Necesitamos un local que sea...
- Sería mejor un local que tuviera...

2.1. 👤 🎧 **Ahora vas a escuchar las ofertas inmobiliarias de un programa de radio. Anota en la tabla la información de las seis ofertas de hoy.**
[21]

	Ubicación	Medida	Precio	Otros
1.				
2.				
3.				
4.				
5.				
6.				

2.2. 👥🗣️ **¿Cuál de estas ofertas se ajusta más a las necesidades que habéis acordado antes? Ese será el local para vuestro negocio; pero tal vez no lo tengáis tan claro y queráis discutirlo. Hacedlo, pero tratad de usar de nuevo las estructuras condicionales.**

▶ Si alquiláramos el primer local, podríamos...

3 👥📄 **Ha llegado el momento de decidir qué personal vais a necesitar para poner en marcha vuestra empresa. Primero, buscad en esta lista los puestos que os puedan servir. Si tenéis alguna duda, el profesor os ayudará. Luego, añadid los puestos que falten.**

- Técnico de instalaciones
- Administrativo
- Secretaria
- Contable
- Informático
- Dependiente
- Comercial

- Recepcionista
- Servicio de limpieza
- Relaciones públicas
- Camarero
- Cocinero
- Profesor
- Masajista

- Psicólogo
- Animador
- ....
- ....
- ....
- ....
- ....

3.1. 👥✏️ **Junto a tu compañero, tienes que escribir anuncios para la prensa buscando el personal que necesitáis para vuestra empresa. Fijaos en las estructuras gramaticales de estos ejemplos y tratad de usarlas en vuestros anuncios.**

Necesitamos peluquero titulado que tenga amplia experiencia y que disponga de vehículo propio para desplazamientos.

Buscamos secretaria bilingüe que tenga conocimientos de diseño gráfico y que viva en Sevilla para inmediata incorporación a nuestra empresa.

Compañía de seguros busca vendedores que tengan vehículo propio, que hablen inglés y que conozcan bien el sector.

Parque de atracciones necesita actores y animadores que sepan cantar y bailar, que sean menores de 25 años y que tengan, además, experiencia en hostelería.

Empresa de publicidad
Busca modelos masculinos que tengan más de 40 años, que sean morenos, de complexión delgada y que sean aficionados a la bicicleta de montaña.

3.2. 👤📄 **Habéis recibido un montón de correos electrónicos de personas interesadas en vuestras ofertas de empleo. Como eran muchos, os habéis repartido el trabajo. Lee solo el que te corresponda, el profesor te dirá cuál.**

3.3. 👥🗣️ **Ahora, cuenta a tus compañeros lo que dice el e-mail que has leído; ellos te contarán a ti los suyos. Recuerda lo que estudiamos sobre el discurso referido en la unidad 2.**

3.4. 👥🗣️ **¿Os sirve algún candidato para alguno de los puestos? Seguro que sí. Decidid a quiénes de ellos queréis entrevistar argumentando por qué y para qué puesto. Y, por último, poned nombre a la empresa.**

AUTOEVALUACIÓN   AUTOEVALUACIÓN   AUTOEVALUACIÓN

1. **Para practicar los pasados que viste en la unidad 5, ¿qué actividades se te ocurren que se pudieran añadir a esta tarea?**

2. **Esta tarea os ha propuesto trabajar con un vocabulario diferente al de las unidades. ¿Habéis incluido vosotros alguno de los contenidos léxicos vistos hasta ahora?**

3. **¿Qué tipo de empresa habríais tenido que elegir para poder practicar el léxico de la salud, de los nuevos medios de comunicación, del ocio y tiempo libre, etc.?**

AUTOEVALUACIÓN   AUTOEVALUACIÓN   AUTOEVALUACIÓN

1. **Elige la opción correcta:**

1. Nos recomendó que .... a ver esa película.

   ☐ **a.** íbamos   ☐ **b.** fuéramos   ☐ **c.** vayamos

2. Te sugeriría que .... más deporte.

   ☐ **a.** hicieras   ☐ **b.** harías   ☐ **c.** hagas

3. Me dijo que .... la semana que viene.

   ☐ **a.** llegará   ☐ **b.** llegó   ☐ **c.** llegaría

4. Os he dicho que .... de aquí inmediatamente.

   ☐ **a.** salierais   ☐ **b.** salid   ☐ **c.** salgáis

5. Le preguntamos .... estaba bien.

   ☐ **a.** si   ☐ **b.** que   ☐ **c.** qué

6. He comprado un libro que .... muchos textos.

   ☐ **a.** tenga   ☐ **b.** tiene   ☐ **c.** tendría

7. No conozco a nadie que .... un Ferrari.

   ☐ **a.** tenga   ☐ **b.** tiene   ☐ **c.** tendría

8. i¿Quieres que te regale mi coche?! ....

   ☐ **a.** Yo en eso discrepo   ☐ **b.** ¡Ni lo sueñes!   ☐ **c.** No me vengas con historias

9. Juan .... a trabajar allí en 1998.

   ☐ **a.** empezaba   ☐ **b.** había empezado   ☐ **c.** empezó

10. Si nos ...., habríamos ido a su fiesta.

    ☐ **a.** habría llamado   ☐ **b.** hubiera llamado   ☐ **c.** llamara

11. .... a verte si pudiera.

    ☐ **a.** Iría   ☐ **b.** Fuera   ☐ **c.** Iré

2. **Transforma las frases usando una perífrasis de acuerdo con la intención comunicativa que se te indica:**

1. Realización parcial de una acción.
   He leído hasta ahora cincuenta páginas...

2. Repetición de la acción expresada por el infinitivo.
   Llamamos otra vez a Luis. ....

3. Cantidad de tiempo que alguien ha ocupado en realizar la acción.
   Estudio francés desde hace un año. ....

4. Interrupción de la acción.
   Marta y Pedro ya no salen juntos. ....

5. Continuidad de la acción.
   Trabajo todavía en esa tienda. ....

3. **Forma cinco familias léxicas con las palabras que tienes abajo.**

- cicatriz
- bolero
- lesión
- samba
- basca
- tango
- taquilla
- ranchera
- los colegas
- pantalla
- espectador
- carcasa
- rumba
- tumor
- benigno
- calimocho
- chachachá
- batería
- estreno
- tecla
- resacón
- garito
- cartel
- cargador
- bachata
- altavoz
- secuencia
- cataratas
- merengue
- SMS

Unidad 7

Mujer con espejo *(1995)*. Fernando Botero

Contenidos funcionales
- Definir y describir
- Valorar acciones, estados, objetos y hechos
- Juzgar

Contenidos gramaticales
- Usos de *ser* y *estar* (repaso)
- La voz pasiva: *ser* y *estar*
- *Ser, estar* + adjetivo (cambio de significado o matiz)
- *Ser* + *bueno, malo*
- *Estar* + *bien, bueno, mal, malo*
- Expresiones descriptivas con *ser* y *estar*

Contenidos léxicos
- Léxico relacionado con el arte
- Léxico para la descripción crítica y valoración

Contenidos culturales
- El Museo Guggenheim de Bilbao
- Eduardo Chillida
- Frida Kahlo y Diego Rivera

1 ¡Qué arte tienes!

1.1. ¿Cuáles de estas actividades podríais englobar bajo el concepto de arte? Después, discutidlo con el resto de vuestros compañeros.

1.1.1. ¿Qué es para ti *arte*? ¿El arte es un don o algo que podemos conseguir con esfuerzo y dedicación?

1.2. Lee estas definiciones del concepto *arte* que dan las siguientes personas.

1. ¡Cuántas definiciones existen sobre arte! La que más comparto particularmente **es** aquella que dice que el arte **es** un gran preguntador. **Es** el que desata en nosotros, en nuestro interior, infinidad de preguntas que apuntan a todos nuestros sentidos.

Con el arte (en cualquiera de sus manifestaciones) hay que tratar de sentir, no de entender. La poesía, la música, la literatura, etc., **son** experiencias únicas, mágicas y misteriosas. El arte **es** misterioso. **Es** comparable con el amor. Tiene innumerables definiciones y formas...

Amoretti, María J., *Sobre la definición del Arte*

2. La obra de arte verdadera nace del "artista" mediante una creación misteriosa, enigmática y mística. Luego, se aparta de él, adquiere una vida autónoma, se convierte en una personalidad, **es** un sujeto independiente, animado de un soplo espiritual; **es** el sujeto viviente de una existencia real, **es** un ser.

Kandinsky, W., *De lo espiritual en el arte*

3. Todas las definiciones medievales del arte se reducen al mismo tipo: el arte **es** un saber hacer. Así, la arquitectura **es** el arte gracias al cual el arquitecto sabe cómo debe construir, la poesía **es** el arte por el cual el poeta sabe lo que debe hacer cuando quiere realizar un bello poema, la aritmética **es** el arte cuya posesión permite al matemático saber cómo ha de resolver tal o cual problema. Entre los autores, unos insisten en el saber, otros, en el hacer.

Bruyne, E. de, *Estudios de Estética medieval*

CONTINÚA ⋯⋯

4. Es difícil dar una definición porque sus límites **son** muy amplios; por eso hay muchas opiniones sobre las diferentes obras de arte. Muchas veces encontramos distintos conceptos sobre una pintura, incluso, a veces, la mayor parte de una sociedad opina sobre un artista y decide si **es** bueno o no, si lo que realiza **es** arte o no y quizás durante mucho tiempo ese artista no **es** nadie, pero más tarde, al cambiar la sociedad, esta decide que sí **es** arte. Cuando hablamos de arte hablamos de muchas cosas; el arte se puede manifestar de muchas maneras, como la pintura, la escultura, el cine, el teatro, la literatura, etc. pero fuera cual fuera el tipo de arte del que hablemos la única que va a decidir si trasciende o no, o si eso pasa a **ser** parte del arte, **es** la sociedad.

Lic. Davina Yael Lewkowicz. Egresada de la universidad C.N.C.I., México (D.F.)

1.2.1. 👤 ✍ **¿Qué es *arte* para ellos? Resume sus opiniones.**

1. ....
....

2. ....
....

3. ....
....

4. ....
....

1.2.2. 👥 🗨 **¿Qué definición se ajusta más a la tuya? ¿Ha cambiado tu concepto de arte a lo largo de tu vida o a través de tus experiencias personales? Explícale tus experiencias a tus compañeros.**

🔍 Fíjate que para definir, generalizar, caracterizar en español tenemos el verbo *SER* + adjetivos, participios, oraciones de relativo, nombres, pronombres...

1.2.3. 👤 ✍ **Busca ejemplos de definiciones con *ser* para cada categoría gramatical en la lectura de 1.2.**

Ejemplo: SER + adjetivo:
es misterioso.

1.2.4. 👥 🗨 **El conflicto para la elección entre *ser* y *estar* se origina cuando van seguidos de un adjetivo. Los dos sirven para valorar; intentad ver la diferencia entre uno y otro con lo que dicen los personajes de la viñeta y completad el cuadro.**

> El museo del Prado **está** un poco caótico, yo creo, a lo mejor es porque están haciendo reformas, ¿no?

> No, no te creas, **es** un poco caótico en general, las salas no están bien dispuestas.

> No, no lo creo. ¡Oye! ¡Qué buena **estaba** la comida del restaurante del museo!, ¿no?

> Eso sí, la comida del restaurante **es** muy buena, la cuidan muchísimo, siempre buscan la calidad.

1. Para valorar lugares, hechos, acciones, actitudes, experiencias usamos [_____] y [_____].

2. Con [_____] + adjetivo normalmente se generaliza, presentamos la cualidad de manera objetiva.

3. Con [_____] + adjetivo solemos presentar la cualidad como un estado transitorio.

4. Cuando la valoración es general e intervienen los sentidos, usamos [_____]. Si la valoración en la que intervienen los sentidos hace referencia a una experiencia concreta, entonces usamos [_____].

1.3. 👥 ✏️ **Tenéis cinco minutos para escribir todo lo que relacionéis con la palabra:**

Museo

1.3.1. 👪 🗨️ **El museo Guggenheim es uno de los más innovadores del mundo, se encuentra en Bilbao (España) y ha sido diseñado por el arquitecto norteamericano Frank O. Gehry. ¿Qué te parece su diseño? ¿Es una obra de arte? ¿Estás de acuerdo con la frase "la arquitectura al servicio del arte" o puede ser un arte en sí misma? Razona tu respuesta.**

El edificio está compuesto por una serie de volúmenes interconectados cubiertos por una piel metálica de titanio. En su conjunto, crea una estructura singular, espectacular y enormemente visible, consiguiendo una presencia escultórica como telón de fondo al entorno de la ciudad. Existe una estrecha armonía entre las formas arquitectónicas y los contenidos de cada galería. El visitante descubre que bajo la externa complejidad de formas arquitectónicas se oculta un mundo ordenado y claro donde no pierde su orientación.

Adaptado de http://www.guggenheim-bilbao.es/caste/edificio/contenido.htm

1.3.2. 👥 🗨️ **En este museo puedes encontrar obras como esta, que pertenece a un famoso escultor contemporáneo español llamado Eduardo Chillida (San Sebastián, España, 1924-2002). ¿La valorarías como una obra de arte si no supieras de quién es?**

Eduardo Chillida, *Plano oscuro*, 1956

1.3.3. 👤📖 **Lee este texto.**

Durante siglos las artes visuales fueron consideradas de un rango muy inferior a la música o a la poesía, su componente artesano era una muestra de sus limitaciones. La actividad manual era evidente en las obras de los pintores, ni que decir tiene en las obras de los escultores. Esta valoración fue cambiando poco a poco, los artesanos se convirtieron en artistas, y sus trabajos, en obras de arte. El cambio ha terminado siendo del tal envergadura que hoy los artistas gozan de un plus de genio superior a los que se dedican a escribir literatura o componer música.

Adaptado de http://www.cuadernosdelsureste.com/pdfs/numero09/09revistacompleta.pdf

1.3.4. 👥🗨️ **¿Estás de acuerdo con el texto que has leído? ¿Coincide con tus valoraciones anteriores?**

¡Que ni **pintado**! 2

2.1. 👥🗨️ **¿Conoces a algún pintor español o hispanoamericano? ¿En qué lugares viste su obra? Si conoces varios, ¿cuál te gusta más? ¿Por qué?**

2.2. 👤🎧 [22] **Aquí tienes cuatro cuadros que representan parte de la vida de una pintora hispana. Identifica cada uno según la descripción y toma nota. ¿Sabes de quién estamos hablando?**

1. _____

2. _____

3. _____   4. _____

2.3. Nuestra pintora plasmó en sus cuadros, como hemos visto, algunos de los momentos más importantes de su vida. Explica qué representan cada uno de los que te mostramos a continuación y señala los criterios que tienes en cuenta.

Yo creo que en el cuadro El venadito
la pintora refleja las múltiples infidelidades que sufrió con su marido o su pareja. Además, en español hay un expresión que indica infidelidad que es **poner los cuernos**, y por eso se ha autorretratado con unos grandes cuernos.

1. *Autorretrato de Frida con el Dr. Farill* (1951); **2.** *El camión* (1929); **3.** *El venadito* (1946); **4.** *El abrazo de amor de El universo, la tierra (México), Diego, yo y el señor Xólotl* (1949); **5.** *Árbol de la esperanza mantente firme* (1946); **6.** *Henry Ford Hospital* (1932).

2.3.1. Con toda la información que tienes, elabora la biografía de esta pintora mexicana.

2.3.2. Ahora escucha el siguiente texto y comprueba tus respuestas.
[23]

2.4. Vamos a analizar una de las frases del texto anterior. Léela y completa los cuadros.

"Su casa de Coyoacán <u>fue transformada</u> en museo"

Verbo		Verbo	
Tiempo		Forma	
Persona		Concordancia	

La voz pasiva

Fue transformada es una forma verbal de la denominada "voz pasiva". Se forma con el verbo *ser* o *estar* y el participio del verbo, que concuerda con el sujeto pasivo.

– *Este cuadro fue pintado por Picasso (Picasso pintó este cuadro).*

Se usa generalmente en artículos periodísticos, relatos de historia, contextos de arte, tanto en la lengua oral como en la lengua escrita.

2.4.1. 👥 ✏️ **Explica la diferencia de estas frases teniendo en cuenta que, en español, se establece una distinción entre el proceso y el resultado.**

    a. *La casa fue transformada en museo.* ....

    b. *La casa está transformada en museo.* ....

1. La pasiva de [   ] se refiere al acontecimiento en sí mismo. Se forma con el verbo [   ] + participio.

    – *Este cuadro* [   ] *pintado por Picasso.*

2. La pasiva de [   ] nos informa del resultado final sin interesarnos por el proceso. Se forma con el verbo [   ] + participio.

    – *El museo* [   ] *restaurado.*

2.5. 👥 🗨️ **¿Recuerdas cuándo usamos *ser* o *estar*? Completa el cuadro.**

Usos de *ser* y *estar*

Cuando tratamos de

1. Identificar o definir, usamos [   ].

    – *Esa* [   ] *la pintura de la que te hablaba.*

2. Hablar de origen, nacionalidad, procedencia, usamos [   ].

    – *Frida* [   ] *mexicana.*

3. Informar sobre la profesión, se usa [   ], y cuando queremos hablar de una actividad temporal, usamos [   ]. Si lo que queremos es destacar que una actividad no corresponde a la profesión principal de la persona o que esta no es la más indicada, se usa **hacer de**.

    – *Mi amiga* [   ] *pintora.* [   ] *recepcionista en el Museo de Arte Contemporáneo y, cuando hay muchos visitantes,* [   ] *guía.*

4. Informar sobre el material, usamos [   ].

    – *Ese lienzo tiene un marco que* [   ] *de madera de roble.*

5. Referirnos a un suceso o acontecimiento, se usa [   ].

    – *La exposición* [   ] *en el museo Domus.*

6. Localizar en el espacio, se usa [   ].

    – *El museo Frida Kahlo* [   ] *en Coyoacán (México).*

7. Describir a personas o cosas de manera objetiva, usamos [   ] y para hacerlo de manera más subjetiva, usamos [   ].

    – *La vida de Frida* [   ] *bastante difícil.*

    – *Su amiga no* [   ] *simpática en la cena de anoche, no hablaba con los otros artistas.*

8. Formular apreciaciones subjetivas sobre elementos de información, usamos [   ].

    – [   ] *extraño que no hayan abierto el museo todavía.*

9. Decir que algo está hecho, se usa **ya** [   ].

    ▷ *¿Cuándo inauguran el museo?*

    ▶ *El museo* [   ] *inaugurado.*   **CONTINÚA** ·····▸

10. Indicar que se va a realizar una acción inmediatamente, se usa [ ] **a punto de.**

    – *No pude visitar el museo porque cuando llegué* [ ] *cerrar.*

11. Expresar que la acción no se ha realizado todavía, usamos [ ] **por.**

    – *La pintura* [ ] *terminar.*

12. Indicar que algo o alguien está preparado para realizar una acción, usamos [ ] **para.**

    – *El catálogo de la exposición* [ ] *salir.*

2.5.1. [👤] [📖] **En estos apuntes biográficos de Frida encontrarás varios usos de *ser* y *estar*. Subráyalos y clasifícalos según los cuadros que acabas de completar.**

Frida Kahlo es una pintora mexicana con mucho renombre. Sus autorretratos estaban inspirados en el arte popular de su país. Era hija de una mexicana y de un alemán.

Su niñez fue muy triste. Cuando era muy niña fue contagiada por la polio que le dejó secuelas. Un grave accidente de tráfico fue su inicio a la pintura.

Más tarde, sus cuadros fueron estudiados por el que sería su futuro marido, Diego Rivera, y fue animada por él mismo a continuar.

Su identidad mexicana está plasmada en su obra. Su experiencia personal está representada en sus cuadros. En el terreno de lo personal, ambos cónyuges fueron infieles y estuvieron a punto de romper su relación para siempre. Sus cuadros fueron expuestos en la galería de Arte Contemporáneo de Ciudad de México. Su casa está transformada en un museo que lleva su nombre.

2.5.2. [👤] [✏️] **Como has visto, la figura de Diego Rivera en la vida artística de Frida es importantísima. Aquí tienes sus datos para que redactes su biografía según el modelo que acabas de leer.**

1886	Año de nacimiento, Guanajuato (México).
Infancia	Escuela Nacional de Bellas Artes, formación como dibujante y pintor.
1907	Primer viaje a Europa. Dos años y medio en Madrid. Gran interés por la pintura de El Greco.
1910	París. Influencia de las corrientes vanguardistas.
1920	Italia. Marca su paso al muralismo.
1922	México. Primer mural en el anfiteatro de la Escuela Nacional Preparatoria.
1922-29	Pinta sus frescos más representativos, realiza grabados, ilustra libros y carteles. Fundador del Partido Comunista Mexicano, se dedica de lleno a las actividades políticas.
1929	Viaje a la Unión Soviética. Rompe con el partido comunista.
1930	Nueva York. Contratado por Henry Ford, prepara los murales del Detroit Institute of Art, obra de gran envergadura, y un gran fresco para el Rockefeller Center, destruido en 1935 por incluir un retrato de Lenin.
1934	Regresa a México donde realiza nuevos murales y retratos de figuras de la sociedad mexicana. Militante de la IV Internacional Trotskista. Amigo de León Trotsky. Escribe artículos y dicta conferencias sobre temas candentes del momento.
1940	Se divorcia de Frida y se vuelve a casar con ella a finales de año.
1944	Inicia la construcción de su museo, la pirámide de Anahuacalli.
1950	Ilustra el *Canto General* de Pablo Neruda.
1957	Fallece en Coyoacán, el 24 de noviembre. Sepultado en la Rotonda de los Hombres Ilustres del panteón civil de Dolores.

Está considerado como el máximo representante de la Escuela Mural Mexicana. Su obra fue monumental, tanto en cantidad como en volumen...

3.1. 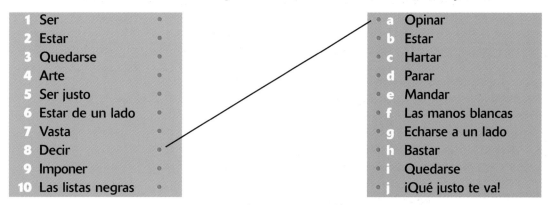 Escucha la siguiente canción de Alejandro Sanz, renombrado cantante pop
[24] español contemporáneo.

3.1.1. Indica qué título le pondrías, justificando tu respuesta.

3.1.2. En la canción, el autor compara varios elementos enfatizando que *no es lo*
[24] *mismo*. Vuelve a escuchar y relaciona cada elemento de la comparación.

1 Ser	**a** Opinar
2 Estar	**b** Estar
3 Quedarse	**c** Hartar
4 Arte	**d** Parar
5 Ser justo	**e** Mandar
6 Estar de un lado	**f** Las manos blancas
7 Vasta	**g** Echarse a un lado
8 Decir	**h** Bastar
9 Imponer	**i** Quedarse
10 Las listas negras	**j** ¡Qué justo te va!

3.1.3. Explica, ahora, en qué se diferencian estas palabras y expresiones. Puedes usar
el diccionario.

Parejas	Es distinto
Decir/Opinar	Decir: transmite información objetivamente. Opinar: transmite información subjetivamente.

3.2. 👥 🎧 Como dice Alejandro Sanz, *"No es lo mismo ser que estar"*. Algunos adjetivos en
[25] español sufren cambios de significado según vayan con *ser* o con *estar*. Escucha
estos diálogos y busca sinónimos, antónimos o definiciones para cada caso.

Ser	Adjetivo	Estar
Extrovertido, sociable.	1. Abierto	No está cerrado con llave.
	2. Aburrido	
	3. Atento	
	4. Callado	
	5. Cansado	
	6. Católico	
	7. Dispuesto	
	8. Fresco	
	9. Grave	
	10. Interesado	
	11. Listo	
	12. Molesto	
	13. Muerto	
	14. Negro	
	15. Orgulloso	
	16. Verde	
	17. Violento	
	18. Vivo	
	19. Maduro	
	20. Rico	
	21. Despierto	
	22. Pesado	

3.3.  **En la siguiente viñeta vemos la palabra "bueno" acompañada de** *ser* **y de** *estar*. **¿En qué varía su significado? Comenta tu opinión con tu compañero.**

> Estoy contentísima con los CD que me he comprado, son buenísimos y además los he comprado baratísimos, ¿a que sí?

> Yo no sé si tus CD son buenos o no, lo que sí sé es que el dependiente que te los ha vendido sí que estaba bueno, ¡estaba buenísimo!

3.4. **Completa el cuadro con los ejemplos siguientes.**

1. ¡Que guapa estás!, este traje te **está** muy bien.
2. ¡Humm! **Están** muy buenos los canelones, te han salido deliciosos.
3. ¿**Estás** malo? Tienes muy mal aspecto.
4. Cenar demasiado **es** malo para la salud.
5. Da todo lo que tiene, **es** muy bueno.
6. Ese chico me vuelve loca, ¡**está** buenísimo!
7. El examen **está** mal, tendrás que repetirlo.
8. **Eres** malo, ¿por qué pegas a tu hermano?
9. Este café **está** muy malo, sabe a rayos.
10. Este jamón **es** bueno, es de pata negra.
11. No ha venido a trabajar porque **está** mal.
12. Podemos darle el alta, usted ya **está** bien.

- **Bueno, malo** varían su significado según vayan con *ser* o *estar* y se refieran a cosas o personas.

- **Bien, mal** sirven para valorar positiva o negativamente acciones *(trabajar bien)* o estados *(mal sentado)*, son adverbios.

- **Bueno, malo** sirven para valorar positiva o negativamente objetos *(agua mala)*, personas *(chico bueno)* o hechos *(hacer deporte es bueno)*; son adjetivos.

Ser		Estar			
Bueno	**Malo**	**Bueno**	**Malo**	**Bien**	**Mal**
Bondadoso. Ejemplo: ☐	Malvado. Ejemplo: ☐	Con la salud restablecida, atractivo. Ejemplo: ☐	Enfermo. Ejemplo: ☐	Sano, en buenas condiciones físicas o psíquicas. Ejemplo: ☐	En malas condiciones físicas o psíquicas. Ejemplo: ☐
Bueno	**Malo**	**Bueno**	**Malo**	**Bien**	**Mal**
De calidad, saludable. Ejemplo: ☐	De mala calidad, perjudicial. Ejemplo: ☐	Con buen sabor. Ejemplo: ☐	Con sabor desagradable, en malas condiciones físicas. Ejemplo: ☐	Correcto, adecuado. Ejemplo: ☐	Incorrecto, inadecuado. Ejemplo: ☐

Con persona (aplica a la primera fila de datos); *Con cosa* (aplica a la segunda fila de datos).

3.5.  ¿Bien o mal? ¿Bueno o malo? Vais a juzgar una serie de situaciones, argumentad vuestras opiniones.

A. Un estudiante le dice a su profesor de Arte que los jueves no puede ir a clase porque prefiere visitar museos y los fines de semana no puede ir porque trabaja.

> *Yo creo que **está bien** porque es una forma de complementar su formación de Arte.*

> ***No es bueno** dejar de asistir a clase; las clases son irrepetibles y el museo siempre está ahí, puede ir en cualquier momento.*

> *Bueno, depende de si el profesor **es bueno o malo**, ¿no? A lo mejor sus clases no merecen la pena y aprende más en el museo.*

B. Un estudiante le pide los apuntes de la clase anterior, a la que no pudo asistir, a otro estudiante; este le dice que no se los deja.

C. Una persona recibe en herencia de una tía de América un cuadro de Picasso que decide vender para poder vivir sin trabajar en contra de la opinión de su pareja, que prefiere conservarlo.

D. El dueño de una galería de arte recibe un día la visita de un famoso millonario al que le encantan cuatro de los cuadros que tiene. Quiere llevarse uno para mostrárselo a su marchante antes de formalizar la compra para que le haga una valoración. Decide dárselo, esperando que él vuelva para pagárselo y comprarle los otros tres más tarde. Su socio piensa que ha sido víctima de una estafa.

AUTOEVALUACIÓN

AUTOEVALUACIÓN   AUTOEVALUACIÓN   AUTOEVALUACIÓN

1. En esta unidad hemos visto algunos datos biográficos de dos grandes pintores mexicanos del siglo XX: Frida Kahlo y Diego Rivera. Sobre Frida Kahlo hemos aprendido muchas cosas: su vida, su obra, etc. Partiendo de sus datos biográficos y de los cuadros de Frida, ¿podrías describir el carácter de Diego?

   ....

   ....

   ....

2. Explica la diferencia entre los siguientes adjetivos cuando aparecen con el verbo *ser* o cuando aparecen con *estar* y pon un ejemplo en cada caso.

   1. Claro   2. Católico   3. Vivo

3. De los contenidos gramaticales que se recogen en esta unidad, ¿cuál te ha resultado más difícil? ¿Te ha quedado todo claro o necesitas refuerzo? Comenta tus reflexiones con tus compañeros.

   a. Las oraciones pasivas (*ser* + participio)
   b. *Ser* y *estar* con adjetivos que cambian de significado.
   c. *Ser* y *estar* con *bueno, bien, malo, mal*.

AUTOEVALUACIÓN   AUTOEVALUACIÓN   AUTOEVALUACIÓN

Unidad 8

Carnavales de Cádiz, España

Contenidos funcionales
- Hablar de apariencias y parecidos
- Valorar una información y dar opiniones
- Hacer comparaciones o establecer diferencias
- Describir a través de comparaciones imaginarias

Contenidos gramaticales
- Verbo *parecer(se)*
- Grados de comparación: comparativo de superioridad, inferioridad e igualdad; superlativo absoluto y relativo; la desigualdad
- Oraciones comparativas contrastivas
- Expresiones comparativas:
    - *Es lo mismo que...*
    - *No se parece en nada a...*
    - *Muy diferente a/de...*
    - *No tiene nada que ver con...*
- *Como si/ni que* + imperfecto/pluscuamperfecto de subjuntivo

Contenidos léxicos
- Léxico relacionado con la familia y las relaciones personales
- Léxico relacionado con la fiesta de carnaval

Contenidos culturales
- Literatura: Antonio Skármeta, Almudena Grandes
- *La familia de Pascual Duarte*, de Camilo José Cela
- Estereotipos sobre lo hispano
- La familia actual en Hispanoamérica
- Los carnavales de Cádiz y Santo Domingo

1 Las apariencias engañan

1.1. 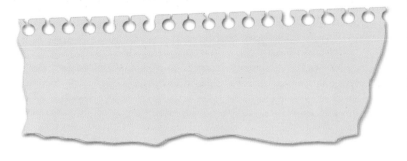 ¿Quién te parece que es? ¿Cómo te parece que es? ¿A quién se parece?

1.1.1. (○) Escucha y confirma tu opinión.
[26]

Parecer - parecerse

- **Para hablar de apariencias:**

    – *Luis parece cansado.*
    – *Juanjo parece más joven de lo que es.*

- **Para hablar de parecidos. Se utiliza la forma reflexiva:**

    – *Se parecen como dos gotas de agua.*
    – *Yo me parezco mucho a mi padre en el carácter.*

- **Para pedir o dar opiniones. Se utiliza la tercera persona del verbo:**

    ▷ *¿Qué te parece el libro?*
    ▶ *Me parece que es muy bueno aunque un poco largo.*

- **Para valorar:** *me parece/parecen* + adjetivo de valoración o cualidad + *que* + subjuntivo.

    – *Me parece muy bien que te tomes unas vacaciones. Te las mereces.*

> **Para hablar de los parecidos**
>
> – *Es idéntico a.../clavado a.../igual que...*
> – *Se parece un montón a...*
> – *Son como dos gotas de agua.*
> – *Tiene(n) los mismos ojos que...*
> – *Se parece a... Se parece en...*
> – *No se parece (en nada) a...*
> – *Es completamente distinto/diferente a/de...*

1.2. Cuando oyes la palabra "hispano", ¿en qué piensas? Di tres características que atribuyes a lo "hispano" o a los hispanos. Luego, contrástalas con el resto de tus compañeros y señala qué similitudes y diferencias hay en las apreciaciones.

1.2.1. [icons] **Lee el texto.**

¡SORPRESA!
No todos los hispanos somos iguales

S e dice que es difícil hacer predicciones, pero el futuro invita a especular sobre lo que puede llegar a pasar. La gran sorpresa será que los hispanos ya no somos lo que éramos. Algunos no se han dado cuenta y otros aún no lo saben. Pero ya hemos cambiado.

C uando se piensa en los latinos, se piensa en ciertas características: somos emocionales, trabajamos duro, nos interesan más las cosas espirituales que las materiales, cocinamos una buena comida al día, no cuestionamos la autoridad (doctores, maestros), el hombre domina la sociedad, nos movemos según nuestro propio tiempo (es decir, llegamos tarde), y vamos a misa los domingos.

1.

E specialistas en ventas, mercadeo y promoción utilizan estas "características" para "vendernos" todo tipo de productos y servicios. El problema, según un reciente estudio presentado en la Cumbre de Líderes Latinos de Connecticut, es que esas características ya no representan a los latinos, y quizá nunca lo hicieron.

S omos emocionales, pero también profesionales. Trabajamos duro, pero salimos a divertirnos. Nos interesan las cosas espirituales y también las materiales. Cocinamos bien, o compramos comida hecha. Cuestionamos la autoridad cuando nos viene en gana. Las mujeres latinas están a la par de los hombres como empresarias, dirigentes comunitarias y funcionarias públicas. Llegamos tarde al cumpleaños, pero a tiempo a la reunión de negocios. Y, sorpresa de sorpresas, ya no vamos a misa todos los domingos.

2.

U n estudio publicado la semana pasada por el profesor Anthony Stevens-Arroyo, del Brooklin College, muestra que la religión que más rápido crece entre los hispanos es la falta de religión. Aunque la mayoría (un 57 por ciento) va a la iglesia cada semana, un 13 por ciento de los hispanos no pertenece a ningún grupo religioso. Curiosamente, un 96 por ciento de los latinos que no van a la iglesia se declaran "fervientemente espirituales".

3.

Q uizá en un futuro se nos empiece a conocer por quienes realmente somos.

Francisco Miraval, fundador y director de Proyecto Visión 21,
un servicio bilingüe de información y noticias (www.noticiasyservicios.com).

Texto adaptado: www.newsandservices.com/sorloshissom.html

1.2.2. [icons] **Anota en cada recuadro del texto qué función se destaca en cada uno de los párrafos.**

A. Valorar una información y dar una opinión.

B. Hablar de apariencias.

C. Transmitir una información.

1.2.3. Escribe la información que te aporta el texto utilizando el verbo *parecer* y *parecerse*.

Ejemplo: *A los hispanos les parece muy importante la religión.*

Me parece que los hispanos son muy emocionales y poco materialistas.

1.2.4. Vuelve a 1.2. y comenta con tus compañeros si tu concepción de lo hispano coincide con la versión del texto que has leído o, por el contrario, la lectura te ha hecho replantearte las ideas que tenías. ¿Puedes sacar alguna conclusión?

1.3. Observad: En español decimos *las apariencias engañan* o *no es oro todo lo que reluce*. ¿Cómo decís en vuestra lengua que alguien o algo aparenta lo que realmente no es? ¿Qué otras expresiones hay para decir lo mismo?

2 Cada oveja con su pareja

2.1. Lee el comienzo de una de las novelas de más éxito del Nobel español Camilo José Cela.

Yo, señor, no soy malo, aunque no me faltarían motivos para serlo. Los mismos cueros tenemos todos los mortales al nacer y sin embargo, cuando vamos creciendo, el destino se complace en variarnos como si fuésemos de cera y en destinarnos por sendas diferentes al mismo fin: la muerte. Hay hombres a quienes se les ordena marchar por el camino de las flores, y hombres a quienes se les manda tirar por el camino de los cardos y de las chumberas. Aquellos gozan de un mirar sereno y al aroma de su felicidad sonríen con la cara del inocente; estos otros sufren del sol violento de la llanura y arrugan el ceño como las alimañas por defenderse. Hay mucha diferencia entre adornarse las carnes con arrebol y colonia, y hacerlo con tatuajes que después nadie ha de borrar ya.

Argumento de *La familia de Pascual Duarte*. Camilo José Cela.

La familia de Pascual Duarte narra las calamidades que la vida le deparó a un pobre campesino extremeño que nos cuenta sus memorias desde la cárcel. Cuando solo era un niño fue brutalmente golpeado por su padre, observó el alcoholismo de su madre y fue criado en un clima hostil, el de su casa, donde siempre vivió, exceptuando el penal y las casas donde residió en sus viajes. Pascual tuvo mala suerte, le sucedieron continuas desgracias.

2.1.1. 🔳🗨️ *La familia de Pascual Duarte* no fue un modelo a seguir para él. ¿Qué importancia crees que tiene la familia en la vida de un individuo?

2.2. 🔳🗨️ Discute las siguientes informaciones sobre la vida conyugal, di si estás o no de acuerdo y cambia, si es necesario, la parte de la frase con la que no estés de acuerdo.

☐ **1.** Estar casado es igual que jurar amor eterno.

....

☐ **2.** En pareja es mejor poder cumplir un sueño muy anhelado por ambos como, por ejemplo, tener hijos que alcanzar los deseos individuales de cada uno.

....

☐ **3.** A mucha gente le aterroriza la soledad y, por eso, poner un pie en el altar es un hecho que se da más de lo que se piensa.

....

☐ **4.** Las relaciones se van al garete porque uno de los dos está menos dispuesto que el otro a asumir responsabilidades.

....

☐ **5.** Es peor el matrimonio civil o religioso que ser pareja de hecho.

....

☐ **6.** Los maridos tienen tantas obligaciones como las mujeres en la casa.

....

☐ **7.** La vida de casado es siempre menos aburrida de lo que pudiera creerse.

....

☐ **8.** En una relación de convivencia matrimonial, el esposo debe cuidar a la esposa tanto como ella a él.

....

☐ **9.** En pareja, a veces no puedes hacer algunas cosas como practicar un deporte o divertirte con tus amigos. Al menos, no lo puedes hacer tantas veces como lo hacías cuando estabas solo.

....

2.2.1. 🔳✏️ Extrae las expresiones comparativas que aparecen en las frases de la actividad anterior y clasifícalas en el recuadro.

INFERIORIDAD	IGUALDAD	SUPERIORIDAD

Hacer comparaciones o establecer diferencias

Inferioridad

- Verbo + *menos* + adjetivo/nombre/adverbio + *que* ➤ *Pablo es menos alto que tú.*

- Verbo + *menos que* ⟶ *Pablo trabaja menos que tú.*

  Si el hablante y el oyente conocen el segundo término de comparación, a menudo se elide:

  Pablo es menos alto.

Igualdad

- *Tan* + adjetivo/adverbio + *como* ⟶ *Pablo es tan alto como tu hermano.*

- *Igual de* + adjetivo/adverbio + *que* ⟶ *Pablo es igual de alto que tu hermano.*

  Con *igual de*, si el hablante y el oyente conocen el segundo término de comparación, a menudo se elide: *Pablo es igual de alto.*

- Verbo + *tanto, -a, -os, -as* + nombre + *como* ⟶ *Tengo tantas ganas de verte como tú.*

- *La misma cantidad de/el mismo número de* + nombre + *que*:

  Hay la misma cantidad de gente que el año pasado.

- Verbo + *tanto como* + verbo/nombre ⟶ *Miente tanto como habla.*

- Verbo + *lo mismo/igual que* + verbo/nombre ⟶ *Come lo mismo que tu hermano.*

- Verbo + *como* + pronombre personal ⟶ *Sabe español como tú.*

Superioridad

- *Más* + adjetivo/nombre/adverbio + *que* ⟶ *Pablo es más alto que tú.*

- Verbo + *más que* + verbo ⟶ *Pablo trabaja más que duermes tú.*

Usamos la preposición *de* en los comparativos de superioridad e inferioridad cuando estamos comparando un nombre y la comparación es cuantitativa; también cuando hablamos de una cantidad específica:

*Tiene **más** dinero **del que** aparenta.*   *Tiene **más de** dos millones de euros.*

Si el segundo elemento que comparamos está introducido por **lo que** entonces también usaremos **de**:

*Este tema es **más** difícil **de lo que** parece.*

> **Recuerda que hay algunos comparativos irregulares:**
> – *Bien/bueno* .... *mejor*
> – *Mal/malo* .... *peor*
> – *Grande (edad)* .... *mayor*
> – *Grande (tamaño)* ...... *mayor / más grande*
> – *Pequeño (edad)* .... *menor*
> – *Pequeño (tamaño)* .... *menor / más pequeño*

2.2.2. **Decide con tus compañeros qué es una familia tradicional y describe el papel que desempeña cada uno de sus componentes. Contrasta tu opinión con la de tus compañeros. Luego, haced una lista de los posibles modelos de familia que se dan en la actualidad y del rol de sus miembros.**

Familia tradicional

Nuevos modelos de familia

2.2.3. 👥📖 **Mira los siguientes gráficos que hacen referencia al concepto de familia. ¿Los cambios en los países hispanohablantes son similares a los de tu país?**

Tipos de hogares y familias construidos a partir de encuestas de hogares

- Los tipos de hogares que se distinguen en este trabajo son:
  - Hogares unipersonales (una sola persona).
  - Hogares sin núcleo (aquellos donde no existe un núcleo conyugal o una relación padre/madre/hijo/hija, aunque puede haber otras relaciones de parentesco).

- Entre los tipos de familias se distinguen:
  - Familias nucleares (padre o madre o ambos, con o sin hijos).
  - Familias extendidas (padre o madre o ambos, con o sin hijos y otros parientes).
  - Familias compuestas (padre o madre o ambos, con o sin hijos, con o sin otros parientes y otros no parientes).

  Las familias pueden ser monoparentales (con solo un padre, habitualmente la madre) o biparentales (con ambos padres); también pueden tener hijos o no tenerlos.

Tipos de hogares urbanos y familias en América Latina (1986-1999) en %

Países		Unipersonal	Nuclear	Extendida	Compuesta	Sin núcleo	Total
Argentina	1986	11,3	71,9	12,3	0,4	4,1	100,0
	1999	15,5	67,2	11,7	0,4	5,2	100,0
Bolivia	1994	7,6	71,2	15,7	1,7	3,8	100,0
	1999	8,7	71,5	15,4	0,3	4,1	100,0
Brasil	1987	6,9	76,8	11,2	1,1	4,0	100,0
	1999	9,2	69,2	16,8	0,8	4,0	100,0
Chile	1987	6,4	61,6	26,0	1,6	4,5	100,0
	1998	7,5	65,1	22,1	1,1	4,2	100,0
Colombia	1986	5,0	68,6	18,8	2,3	5,3	100,0
	1999	6,7	60,1	25,2	2,3	5,7	100,0
Costa Rica	1988	4,4	68,2	19,3	3,2	4,9	100,0
	1999	6,2	68,4	18,4	2,5	4,5	100,0
Ecuador	1999	6,0	63,0	22,9	3,5	4,6	100,0
El Salvador	1997	7,1	55,0	28,7	2,5	6,7	100,0
Guatemala	1998	4,3	63,2	26,6	1,8	4,1	100,0
Honduras	1994	3,4	58,2	29,1	4,7	4,7	100,0
	1999	5,5	53,9	29,9	5,2	5,5	100,0
México	1984	5,2	70,3	19,2	0,7	4,6	100,0
	1998	7,5	72,8	16,7	0,2	2,8	100,0
Nicaragua	1997	4,4	57,0	29,0	4,7	4,9	100,0
Panamá	1986	12,0	61,0	14,2	5,9	6,9	100,0
	1999	9,6	58,4	24,6	1,4	6,0	100,0
Paraguay	1986	6,0	53,0	28,7	7,5	4,8	100,0
	1999	8,8	57,7	24,2	3,7	5,6	100,0
R. Dominicana	1999	8,3	53,9	29,8	0,7	7,3	100,0
Uruguay	1986	11,9	63,3	17,2	1,4	6,2	100,0
	1999	16,6	62,7	14,5	1,2	5,0	100,0
Venezuela	1986	4,5	56,4	31,2	2,6	5,3	100,0
	1999	5,2	56,2	31,8	2,2	4,6	100,0

En http://www.cepal.cl/publicaciones/secretariaEjecutiva/0/lcg2180pe/lcg2180e_arraigada.pdf (pág. 151)

2.2.4. [27] Vas a escuchar datos de la prensa y de Internet sobre la transformación del modelo familiar en diversos países de habla hispana. Toma nota en el espacio correspondiente.

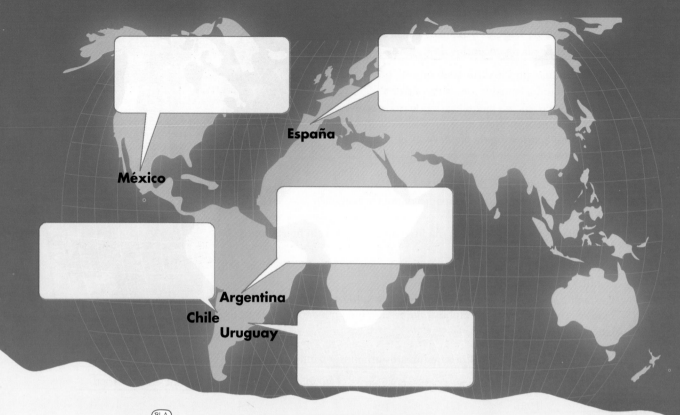

2.2.5. Compara la información que has recibido con lo que tú sabes de tu país o de otros países y di si la situación es igual, completamente diferente, más o menos acentuada, parecida, similar, etc.

2.2.6. ¿Compartes la idea de que el aumento de los hogares unipersonales refleja una mejoría económica y una mayor independencia emocional de la gente? ¿Crees que este aumento tiene algún aspecto negativo? ¿Cuál crees que puede ser en el futuro la evolución del modelo familiar?

2.3. Buscar pareja, como sabemos, no es tarea fácil. Leed las siguientes maneras de poder conocer a alguien nuevo y marcad vuestra favorita. Si se os ocurre alguna más, también podéis escribirla.

☐ **1.** Estás en una discoteca, fiesta... Es atrevidísimo, pero te puedes acercar y decirle a la persona que has apostado con un amigo que no eres capaz de presentarte: "Soy...".

☐ **2.** También en una discoteca española está requetevisto el viejo truco de acercarse a la otra persona y pedirle fuego para encender un cigarrillo.

☐ **3.** Invitar a alguien a salir de excursión, una fiesta, un espectáculo... Aunque el que invita esté bastante protegido por su grupo de amigos, también puede resultar arriesgadísimo porque es posible que no se presente la otra persona o que incluso hasta se enrolle con nuestro mejor amigo.

☐ **4.** Llamarle por teléfono. Es ya un clásico entre los diferentes métodos de ligar; archiconocido sistema para que nadie vea cómo enrojeces si te dan calabazas. Además, en este caso, la retirada es muy fácil.

CONTINÚA ····▶

☐ 5. Enviarle un correo electrónico. Se parece al anterior, solo que este es sumamente relajado porque nunca nos podrá temblar la voz.

☐ 6. Ir a una agencia matrimonial para encontrar así a nuestra media naranja. Método celebérrimo desde los 80 para que unos profesionales encuentren previamente a alguien ya interesado en encontrar pareja y también detecten todas las posibles incompatibilidades.

☐ 7. Poner un anuncio. Esta manera de encontrar a alguien es baratísima si la comparamos con los altísimos precios de las agencias matrimoniales. El problema es la decepción ante las personas que mienten y se presentan como extraordinariamente altas, jóvenes, guapas y divertidas.

☐ 8. ....
....
....
....
....

2.3.1. 👤 ✏️ **Completa el cuadro que viene a continuación con los ejemplos que extraigas del texto anterior. Inventa los ejemplos que no encuentres en dicho texto.**

Superlativos

Uso: relativo

• *El, la, los, las* + nombre + ***más/menos*** + adjetivo + ***de...***

–

• *El, la, los, las* + ***mejor - mejores/peor - peores*** + nombre + ***de...***

–

Uso: absoluto

• Adverbios: ***muy, -mente*** (sumamente), ***tan...***

–

• Expresiones: ***la mar de..., la leche de..., una pasada de...*** (coloquiales)

–

• Sufijo: ***-ísimo-a-os-as***

–

• Prefijos (carácter coloquial): ***re-/ requete-/archi/ super-*** (propio del lenguaje juvenil)

–

• Son cultas las formas que adoptan el sufijo ***-érrimo***: *celebérrimo (célebre), libérrimo (libre), paupérrimo (pobre), misérrimo (mísero)* y las que proceden de comparativos y superlativos latinos, que actualmente en español funcionan en la práctica como cualquier otro adjetivo, por ejemplo: *óptimo, pésimo, mínimo, máximo, ínfimo, supremo, íntimo, extremo, inferior, superior,* etc.

–

• Adjetivos que no admiten el superlativo en *-ísimo:*

   Los nombres de colores en ***-a****,* invariables en género: *rosa, malva, púrpura...*

   Los adjetivos en ***-uo*** y en ***-il*** y los esdrújulos terminados en ***-eo, -ico, -fero, -imo****: arduo, juvenil, espontáneo, único, político, mortífero, íntimo.*

   Estos adjetivos sí admiten los adverbios: ***muy, sumamente, extremadamente****.*

2.4. 👤🎧 **Vas a escuchar un programa de radio para buscar pareja que se llama "Recita**
[28] **un verso y te propondrán una cita". Luego, confirma si las informaciones que**
te damos son correctas o no y justifica la respuesta.

	Verdadero	Falso
1. Guillermo es muy joven: tiene **menos de** 17 años.		
2. En el verso de Garcilaso no se usa **más que** el arcaico tratamiento de *vos*.		
3. El único deseo de Marta es divertirse.		
4. En el verso que recita Marta se habla **menos de** optimismo.		
5. Raúl **no tiene más de** cuarenta años.		
6. En estos versos del poeta Gerardo Diego **no** se habla **más que** de la necesidad de intimidad amatoria.		
7. Mercedes **no** tiene **más que** las aficiones que suele decir todo el mundo que tiene en su tiempo libre.		
8. El poema de Luis Cernuda **no** es **más que** de amor.		

2.4.1. 👤🖼 **Escribe un anuncio para el programa de radio que has escuchado. Sé sincero y descríbete concentrándote en ti y no en la persona que lo va a leer. Intenta mostrar por escrito tu humor, tu inteligencia y tu cultura. Se trata de destacar entre la gente. Si tienes que exagerar, hazlo; ya sabes, usa el superlativo. Como el resto de los oyentes, tendrás que recitar un breve poema. Aquí tienes algunas sugerencias para escribir uno fácilmente.**

Para escribir el poema

· Elige dos sustantivos: paloma, princesa, musa, piloto, gitano, torero, amor, robo, guerra...

· Describe dónde se encuentran: bosque, pradera, firmamento, plaza, calle, cuarto, casa...

· Describe cómo son: instintivos, impulsivos, amorosos, ladrones, egoístas, libres, independientes...

· Describe qué hacen: se aman (apasionadamente), recuerdan con nostalgia un amor del pasado, sufren un desengaño amoroso, condenan una situación política...

2.4.2. 👥💬 **Ahora, intercambia tu anuncio con tu compañero. Tienes que comparar las expectativas que te habías formado con el contenido del anuncio, por eso, es mejor que, antes de hablar, completes esta ficha con tu experiencia. Después, comenta la impresión que te ha causado.**

inteligente • seductor • atractivo • sexy
culto • divertido • detallista • detalles • generoso

Me ha parecido más ___interesante___ de lo que ___imaginaba___.

A primera vista, es menos _____ de lo que _____.

Es tan _____ como _____.

Es menos _____ de lo que _____.

Ha tenido tantos _____ como _____.

Ha sido menos _____ de lo que _____.

Lo he pasado mejor/peor de lo que _____.

Es más _____ de lo que _____.

3.1. Estamos en Carnaval. **Raúl y Elena son una pareja de novios que ha salido esta noche para pasarlo bien. Fíjate en lo que les ocurre.**

3.1.1. **Vuelve a leer el cómic y fíjate en la partícula *como* y el modo verbal que la acompaña. *Como* tiene diferentes funciones en español, descubre algunas completando el cuadro y sirviéndote de los diálogos.**

1. Cuando queremos describir algo, ya sean objetos, personas o acciones, nos ayudamos comparándolo con elementos semejantes. Para ello, en español tenemos la partícula [   ]
   – [   ]

2. Usamos COMO + [   ] para describir el modo o la manera en que se realiza una acción. Esa acción la conoce el hablante.
   – [   ]

3. Usamos COMO + [   ] para describir también el modo o la manera en que se realiza una acción, pero esta vez el hablante no la conoce.
   – [   ]

4. A veces cuando queremos describir algo o una situación, recurrimos a ideas o situaciones que no han pasado, son imaginarias, pero parecidas a lo que pretendemos describir o explicar. Haciendo esa comparación nos hacemos entender mejor. Para ello usamos COMO SI + [   ]
   – [   ]

CONTINÚA ····•

a. Usamos COMO SI + [   ] cuando las dos acciones son simultáneas. Se realizarían, de existir la acción imaginaria, en el mismo momento.

– [   ]

b. Usamos COMO SI + [   ] para establecer semejanzas entre dos acciones, la acción imaginaria se realizaría antes que la otra.

– [   ]

5. NI QUE + imperfecto/pluscuamperfecto de subjuntivo sirve para comparar una acción con otra que sabemos que es imposible. Es sinónimo de COMO SI pero es más enfático, tiene más fuerza.

– *Le caes muy bien al exigente Manolo. ¡Ni que le hubieras narcotizado!*

– *¡Es como si le hubieras narcotizado!*

3.2. **Adivina de qué se disfrazaron estos dos amigos. Consulta en tu diccionario las palabras que no sepas.**

» Se puso una pata de palo como si estuviera cojo.
» Lució un aro de oro como si le fascinaran las joyas y los tesoros.
» Llevaba un parche en un ojo como si se hubiera quedado tuerto.
» Llevaba la camisa rasgada como si hubiera entablado una cruenta pelea.

[   ]

[   ]

» Se puso un traje de chaqueta oscuro y una corbata como si fuera a acudir a una reunión importantísima.
» Le añadió unos simples "pins" como si fueran insignias y galones.
» Llevaba en la mano un maletín de cuero como si hubiera sacado millones de un banco.
» Se puso una gorra oscura como si fuera un militar.

3.2.1. **Explica con tus palabras el significado de las siguientes frases, respondiendo a las preguntas.**

1. Se puso una pata de palo como si estuviera cojo.
   a. ¿Está cojo realmente?
   b. ¿Qué parte de la frase es la real? ¿Y la imaginaria?
   c. Como si estuviera cojo... ¿La acción se realiza antes, al mismo tiempo o después de la acción de la frase real?
   d. ¿Qué tiempo verbal acompaña a *como si*?, ¿por qué?
   e. ¿Es una comparación o una condición?

2. Llevaba un parche en un ojo como si se hubiera quedado tuerto.
   a. ¿Está tuerto realmente?
   b. ¿Qué parte de la frase es la real? ¿Y la imaginaria?
   c. Como si se hubiera quedado tuerto... ¿La acción se realiza antes, al mismo tiempo o después de la acción de la frase real?
   d. ¿Qué tiempo verbal acompaña a *como si*?, ¿por qué?
   e. ¿Es una comparación o una condición?

3.2.2. **Describid un posible disfraz para los próximos carnavales siguiendo el modelo de la actividad 3.2. Luego, leedlo en voz alta para que el resto de la clase adivine de qué disfraz se trata.**

3.3. ¿Sabes qué son los carnavales? ¿Se celebran en tu ciudad? Si lees el siguiente texto, entenderás mejor el espíritu de esta fiesta. Coméntalo con tus compañeros.

Catarsis, esa es la palabra que mejor define todos los carnavales. El denominador común de todos los carnavales es la limpieza general y a fondo. Se celebra en los países que tienen tradición cristiana, precediendo a la cuaresma. Por lo general, en muchos lugares se celebra durante tres días, los tres días anteriores al Miércoles de Ceniza, que es el día en que comienza la cuaresma en el calendario cristiano. Se supone que el término "carnaval" proviene del latín medieval "carnelevarium", que significaba "quitar la carne" y que se refería a la prohibición religiosa de consumo de carne durante los cuarenta días que dura la Cuaresma. En ciertos países en que el carnaval está muy arraigado como celebración popular, y ya alejada de su significado religioso, alargan los festejos a los fines de semana del mes de febrero y a veces al primer fin de semana de marzo. En todos los carnavales se aprovecha para vivir unos días en unos hábitos que no son los propios y con unas caretas que no nos corresponden. Necesitamos sanear nuestra alma, emigrar a otras formas de personalidad y conducta, para que cuando retomemos la nuestra nos alegremos de recuperarla.

Extraído de www.elalmanaque.com/carnaval y de www.carnaval.com.do

3.3.1. Hay muchos carnavales famosos en el mundo, como el de Río de Janeiro o el de Venecia. También en algunas ciudades hispanas se celebran carnavales. Vamos a conocer los de Santo Domingo (República Dominicana) y los de Cádiz (España). Aquí tienes una lista de palabras extraídas de los textos. Escribe la definición. Puedes usar el diccionario.

Máscara: ....
Gestas: ....
Carnestolendas: ....
Desfile: ....
Comparsa: ....
Atuendo: ....
Cascabel: ....
Cencerro: ....
Patria: ....
Multitudinario: ....
Arraigo: ....
Reiterado: ....
Colmado: ....
Copla: ....
Parodiar: ....
Bombo: ....
Bandurria: ....
Laúd: ....
Piropo: ....
Puntos calientes: ....
Carroza: ....
Repertorio: ....

3.3.2. 🧑‍🤝‍🧑 📝 **Ahora, lee el texto con atención y anota todo lo relacionado a:**

■ **1.** Origen histórico y desarrollo del carnaval.

■ **2.** Descripción y características de la fiesta: festejos, desfiles, disfraces, tradiciones, costumbres...

■ **3.** Repercusión gubernamental.

CARNAVAL DOMINICANO

Los carnavales llegaron a América a partir del siglo XV por influencia de los navegantes españoles y portugueses que la colonizaron. Desde el siglo XVI, hubo máscaras en la ciudad de Santo Domingo, pero la tradición colonial creció a partir de las gestas republicanas del 27 febrero de 1844 y del 16 agosto de 1865, al punto de que casi, desde entonces, los carnavales se celebran en estas fechas, no importa si se encuentran fuera de las carnestolendas y por lo común ya dentro de la propia Cuaresma, por lo menos la primera.

En 1821, la colonia española en Santo Domingo se separó de España de forma pacífica. Tras el acuerdo de independencia con la Corona española, el país fue invadido por el ejército de Haití hasta que los dominicanos lo expulsaron en 1844 tras veintidós años de ocupación. Con disfraces y máscaras, diablos cojuelos y desfiles de comparsas en las calles, bailes de disfraces en los clubes sociales y alegría general, se celebra cada año la fiesta de la Independencia, mezclándola con el tradicional carnaval precuaresma celebrado en otros países católicos.

En la celebración del Carnaval Dominicano se aprecia, en particular en los atuendos y disfra-

ces, una mezcla muy variada de elementos y tradiciones africanas traídas por los esclavos transportados al Nuevo Mundo y las costumbres y ropajes europeos de sus amos y colonizadores. Se confunden, en las festividades, los diablos cojuelos, con sus trajes de capa cubiertos de espejos, cascabeles y cencerros, que ridiculizan a los señores medievales, con otros disfraces puramente africanos. El carnaval es la fiesta popular de mayor tradición en la República Dominicana.

En los últimos años, y en particular a partir de 1997, las autoridades gubernamentales han buscado separar la celebración de las fiestas patrias de la celebración del principal carnaval dominicano para no restar solemnidad a la celebración de la Independencia Nacional el día 27 de febrero. Como resultado, la segunda mitad de febrero presenta una intensa agenda de actividades separadas en conmemoración de la lucha patriótica de los héroes de la Independencia Nacional y alrededor del carnaval con fiestas populares, conciertos multitudinarios y desfiles de comparsas, así como los tradicionales carnavales cada domingo del mes.

Extraído de www.carnaval.com.do

CARNAVAL GADITANO

Las primeras noticias del carnaval gaditano son de la segunda mitad del siglo XV, época de la llegada de los comerciantes que se desplazaron hacia Occidente tras la caída de Constantinopla en manos de los turcos. La fiesta debió ganar importancia en el siglo XVI. Ya en la primera mitad del siglo XVII, encontramos documentos que muestran un fuerte arraigo del carnaval gaditano. Pese a reiterados intentos de supresión, el carnaval terminó triunfando. En la segunda mitad del siglo XIX, el Ayuntamiento acabó asumiendo la fiesta como propia de la ciudad, incluyéndola en su programa festivo y en sus presupuestos. Durante el siglo XX, hubo periodos de supresión del carnaval, aunque esta supresión era solo oficial, puesto que los gaditanos se reunían en los colmados y tiendas, a puerta cerrada, para cantar las viejas coplas. La recuperación de la democracia en España permitió también la restauración del carnaval de Cádiz como tal en sus fechas tradicionales, y, desde el año 1977, la fiesta gaditana recuperó todo el esplendor que la caracterizaba.

Entre las celebraciones del carnaval en Cádiz, destacan las "mojigangas" y las "comparsas", es decir, grupos de amigos que, vestidos de forma graciosa y con letras satíricas, representan, parodian y cantan por las calles criticando el sistema establecido. La chirigota es sin duda la modalidad de agrupación que más gusta. Muchas de ellas concursan oficialmente en el Gran Teatro Falla. Por las calles, encontramos por todos los rincones chirigotas llamadas "ilegales", que no son más que grupos de amigos que con un bombo y una caja y mucho ingenio escriben cuatro letras y pasan una semana de carnaval haciendo reír a la gente. Además de la chirigota, existen otros tres tipos de agrupaciones: la comparsa, el coro y el cuarteto.

La comparsa es sin duda uno de los pilares importantes de las fiestas; sus actuaciones están mucho más cuidadas musicalmente que las de las chirigotas y las letras son más poéticas. El coro es lo más gaditano que se puede encontrar en el carnaval; son agrupaciones de alrededor de cuarenta personas con guitarras, bandurrias y laúdes y con canciones llenas, al igual que en las comparsas, de piropos a Cádiz y su gente, además de las críticas sociales que llevan a cabo todas las modalidades de forma directa o irónica. Uno de los puntos calientes en la Semana de Carnaval es la Plaza de la Flores, el mercado central, en el cual se puede disfrutar de los coros. Allí todo el que acuda —si cabe en la plaza— puede disfrutar de los repertorios de estos coros que están subidos en carrozas y que van dando vueltas alrededor del mercado. Por último, están los cuartetos que, a pesar del nombre, pueden ser de tres, cuatro y hasta cinco personas. Parodian situaciones y personajes conformando un repertorio con ritmo teatral. Estas agrupaciones son menos populares que las anteriores, pero difícilmente desaparecerán, puesto que siempre habrá cuatro gaditanos con la cara suficiente y, sobre todo, con el ingenio necesario, para actuar en el Falla.

3.3.3. Cada grupo va a informar a sus compañeros sobre el texto que ha leído para, luego, comparar ambos carnavales. ¿Cuál os parece más interesante? ¿En cuál participaríais? ¿Por qué?

> CARNAVAL DE CÁDIZ

> CARNAVAL DE SANTO DOMINGO

3.3.4. ¿Se celebran los carnavales en tu ciudad o país? Explica a tus compañeros tus experiencias o impresiones acerca de estos festejos.

3.4. 👤 🎧 **Isabel conoció a Iñaki hace quince días y está loca por él. Empezaron a salir a**
[29] **los pocos días de conocerse y ahora los dos, que parecen muy felices, van a ir**
el próximo fin de semana a los carnavales de Águilas (Murcia). Hoy, Isabel ha
quedado con Teresa y no puede hablar de otra cosa. Teresa cree que Isabel
exagera tanto con el disfraz como con las virtudes de su novio. Escucha el diá-
logo que mantienen, pero antes define las palabras y expresiones que te ano-
tamos a continuación:

> **Quedarse boquiabierto:** _mostrarse sorprendido ante una información/situación inesperada._
>
> **Quedarse de una pieza:** ....
>
> **Caer rendido (a los pies):** ....
>
> **Colgarse de alguien:** ....
>
> **Írsele la olla a alguien:** ....
>
> **Disparatarse:** ....
>
> **Ser de piedra:** ....
>
> **Dejarse llevar:** ....
>
> **Prometer la Luna:** ....

3.4.1. 👥 💬 **Responde a las preguntas después de haber conversado con tu compañero:**

1. ¿Qué le parece el disfraz a Teresa?
2. ¿Cuál es el objetivo de Isabel?
3. ¿Qué recriminaciones/comentarios le hace Teresa a su amiga?

3.4.2. 👤 🎧 **Vuelve a escuchar la conversación y anota todas las frases comparativas que**
[29] **evocan una información o situación ficticia, explicando su significado.**

Ejemplo: Frase: _¡Ni que fueras la mujer pantera!_ ➡ Mujer con aspecto excesivamente llamativo.

AUTOEVALUACIÓN

1. **¿Recuerdas las diferencias entre _parecer_ y _parecerse_? Escribe 5 frases con usos diferentes.**

   1. ....
   2. ....
   3. ....
   4. ....
   5. ....

2. **Diferencia el superlativo relativo y el absoluto poniendo un ejemplo.**

3. **¿En qué coinciden y en qué se diferencian estas dos frases?**

   a. Está tan tranquilo como si estuviera de vacaciones.
   b. Está tan tranquilo como si hubiera estado de vacaciones.

4. **Clasifica las palabras nuevas que has aprendido en esta lección en el campo semántico ade-**
   cuado:

   a. Lo "hispano" ....
   b. Familia y relaciones ....
   c. Carnavales ....

Unidad 9

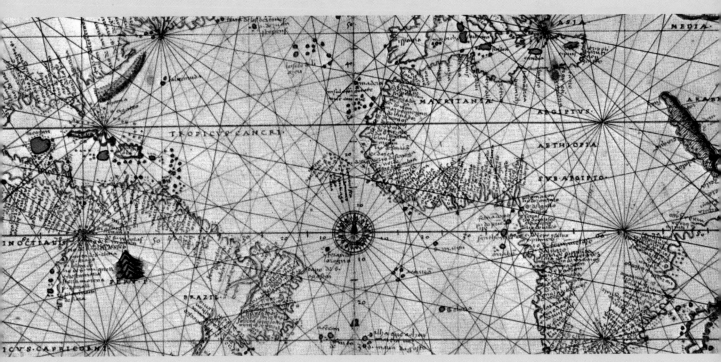

América, Eurasia y África *de Batista Agnese, hacia mitad del siglo XVI*

Contenidos funcionales
- Hablar sobre los demás, expresar indiferencia o desentendimiento, aclarar o matizar, expresar una opinión con mayor o menor implicación
- Destacar aspectos del carácter

Contenidos gramaticales
- Estructuras intensificadoras y atenuadoras para hablar de otros y para opinar
- Impersonalidad
- Verbo *ser* con adjetivos de descripción: matices y diferencias

Contenidos léxicos
- Adjetivos de carácter
- La fama

Contenidos culturales
- Los refranes en español
- Puerto Rico: el *spanglish*
- El valor de las palabras malsonantes en España

■ ■

1.1. ¿Qué crees que es más fácil, hablar bien o hablar mal de alguien?

1.2. Vamos a trabajar con el diccionario. Aquí tienes un cuadro con adjetivos que se usan para destacar algún aspecto negativo del carácter de las personas. Elige el más apropiado para cada una de las siguientes definiciones:

a. agarrado/a	e. tiquismiquis	i. creído/a	m. pendejo/a
b. hortera	f. carca	j. plasta	n. pardillo/a
c. repipi	g. chulo/a	k. sobón/a	
d. pijo/a	h. payaso/a	l. muermo	

1. Persona a la que le gusta mucho su dinero y le cuesta gastarlo. ....☐

2. Persona que viste mal: combina mal los colores o lleva ropa pasada de moda. ....☐

3. Persona sofisticada, que lleva ropa de marca o muy cara y siempre va a la última. ....☐

4. Persona que presta demasiada atención a detalles insignificantes. ....☐

5. Persona con ideas anticuadas, chapada a la antigua. ....☐

6. Cursi, aplicado sobre todo a los chicos o niños que son muy finos en el hablar. ....☐

7. Que hace o dice las cosas con mala educación, pensando que es más que los demás.................☐

8. Persona de poca seriedad o que hace reír con sus actos o palabras. ....☐

9. Persona excesivamente orgullosa de sí misma, que piensa que es el ombligo
del mundo y que nadie hace nada mejor que ella. ....☐

10. Persona muy pesada. ....☐

11. Persona excesivamente aburrida. ....☐

12. Persona que toca demasiado a otras personas...☐

13. Persona que lleva una vida desordenada e irregular, a la que le gusta salir mucho y divertirse. ...☐

14. Tonto, que se deja engañar fácilmente. ....☐

Estos adjetivos negativos, cuando se usan con el verbo *SER*, no suelen ir solos sino acompañados de algún elemento:

- **un/una**, que es enfático: *Es un agarrado.*

- **muy**: *Es muy agarrado.*

- **un poco**: *Es un poco agarrado.*

¡Ojo! *Hortera, repipi, tiquismiquis, carca, plasta* y *muermo* son invariables. El masculino o femenino lo expresamos con un/una, delante del adjetivo, excepto "un muermo", que puede referirse también al femenino.

> Recuerda: los adjetivos anteriores son coloquiales y, por tanto, solo se pueden usar entre personas con las que uno tiene mucha confianza.

1.3. [icon] [icon] **Describe con una palabra a cada una de las personas que intervienen en la**
[30] **audición.**

1.		8.	
2.		9.	
3.		10.	
4.		11.	
5.		12.	
6.		13.	
7.			

1.3.1. [icon] **Vuelve a escuchar y reacciona utilizando las palabras que has usado antes, pero intensificándolas.**

Ejemplo:

> ► Siempre compro lo más barato, ahorrar es mi lema.
> ▷ ¡Serás tacaño!

- Para intensificar el aspecto negativo del carácter de una persona, podemos usar:

Ser + un/una + adjetivo + *monumental*	– Es un tonto monumental.
Ser + un/una + *pedazo de* + adjetivo	– Es una pedazo de idiota.
Futuro imperfecto de *ser* + adjetivo	– ¡Será tonto!
¡*Qué* + adjetivo!	– ¡Qué plasta!
***Mira que* + *ser* + adjetivo**	– ¡Mira que es repipi!

1.4. [icon] [icon] **Dos amigos están haciendo unos comentarios sobre unos conocidos. Primero,**
[31] **identifica el tono del comentario y, después, señala los elementos de la lengua que lo marcan.**

	COMENTARIO PRUDENTE	COMENTARIO NEGATIVO	ELEMENTOS DE LA LENGUA
1. Jorge	☐	☐	
2. Mercedes	☐	☐	
3. Fátima	☐	☐	
4. Ángel	☐	☐	

1.4.1. [icon] [icon] **Vuelve a escuchar y completa el cuadro funcional.**

1. A veces, usamos adjetivos positivos para hablar mal de otros, con las siguientes estructuras:

   a. [_____] + *de* + adjetivo positivo.

   – [_____]

   b. *Hacerse* + [____ / ____] + adjetivo positivo:

   – [_____]

   c. Esta construcción también admite adjetivos negativos:

   – Se hace el tonto (pero no lo es) = es listo.

CONTINÚA ····∴

2. En ocasiones, debemos rebajar la fuerza del adjetivo negativo cuando hablamos de otros. Así expresamos que no nos importa que la persona tenga ese defecto, o bien, **evitamos dar un juicio imprudente** ante determinadas personas o situaciones. No obstante, el adjetivo sigue conservando su fuerza inicial. Para conseguir este efecto, podemos usar los siguientes recursos:

a. [_____] + *ser* + *muy* + adjetivo positivo:

– [_____]

En la lengua oral, esta estructura puede ir seguida de "que digamos" o de "noooo".

b. *Ser* + *un poco* + [_____] :

– [_____]

A veces, podemos encontrar también el adjetivo en diminutivo *(-illo/a): Es un poco tontillo.*

1.5. 👤✏️ **Imagina que tres personas conocidas han hecho algo que te parece criticable. Rellena el cuadro según los ejemplos.**

Pedro,
un compañero
de trabajo

> Ha conocido a una chica hace un mes, ha dejado a su novia de toda la vida y te acaba de decir que se casa el mes que viene.

Keiko,
una amiga
y compañera

> Ayer por la noche habíais quedado para ir al cine y no se presentó. No se ha disculpado ni te ha dicho nada.

1. _____

2. _____

3. _____

1.5.1. 👪💬 **Después de un duro día, quedas con tus amigos para tomar algo antes de ir a casa. Cuéntales lo que han hecho las personas de 1.5. y dales tu opinión. Ellos también pueden opinar.**

Ejemplo:

▶ *Pues lo de Pedro sí que es fuerte. Resulta que hace un mes conoció a una chica, se volvió loco por ella y, nada, dejó a Marisa y, ahí le tenéis, que se casa el mes que viene. Desde luego, yo es que no lo entiendo, es un inconsciente...*

▶ *Sí, la verdad es que es un poco irresponsable por su parte.*

▶ *¿Irresponsable? No seas tan prudente; es un pedazo de imbécil, mira que dejar a una chica como Marisa... y, encima, después de tantos años.*

Las palabras malsonantes o "tacos" se usan en contextos coloquiales para proferir insultos y ofender. Sin embargo, en algunos contextos muy especiales, cuando hay confianza y exclusivamente entre amigos, los adjetivos negativos y los tacos se usan con un valor positivo:

▷ *¿Sabes que me ha tocado la lotería?*

▶ *¡Qué mamonazo! ¡Qué suerte tienes! ¡Enhorabuena!*

Hay que tener mucho cuidado en el uso de este léxico, ya que es necesario vigilar muy bien dónde, cuándo y con quién se utiliza. En la mayor parte de Hispanoamérica, el uso de estas expresiones malsonantes es más restringido y se considera muy ofensivo.

2.1. 👤 🎧 **Escucha la conversación entre estas tres personas: Elena, Simona y Claudio. Elena** [32] **conoce a Simona y a Claudio, pero Simona y Claudio no se conocen. Escribe qué fórmulas usan para introducir opinión y para expresar acuerdo y desacuerdo.**

Introductores de opinión	Expresar acuerdo	Expresar desacuerdo

2.2. 👥🗨 **Vuelve a escuchar y decide qué fórmulas se pueden usar cuando la relación es de mayor confianza y cuáles se utilizan cuando la relación entre los interlocutores es menos estrecha.**

> 🔍 Ya sabes, a mayor relación de confianza entre las personas, mayor libertad a la hora de opinar.

2.3. 👥🗨 **Y, en tu lengua, cuando das una opinión, ¿en qué casos o situaciones la cuidas más o menos?**

2.4. 👤📖 **José Gutiérrez es un empresario español que va a hacer un viaje al África Subsahariana para cerrar un negocio. Para los negocios es importante saber cómo comportarse y dirigirse a sus interlocutores. Al leer el periódico, se encontró, casualmente, con el siguiente artículo que habla de los aspectos culturales en la negociación empresarial en el África Subsahariana.**

– La sociedad africana es inclusiva y, por lo tanto, las relaciones son de capital importancia. En consecuencia, la figura del intermediario, representante o mediador es fundamental siempre y, muy especialmente, cuando se trata con personas de alto estatus o con instituciones y organismos públicos.

– El contacto inicial y la(s) primera(s) visita(s) deben ser utilizados para establecer una relación de mutua confianza. Es, por ello, desaconsejable abordar el negocio directamente: ir al grano está considerado como una grave descortesía. No debe tampoco extrañarnos si en la primera entrevista –y muy posiblemente en varias de las posteriores–, nuestro interlocutor africano muestra cierto escepticismo: la precaución y la circunspección son habituales cuando se enfrentan a personas o ideas desconocidas. En esta fase, nuestra apariencia personal juega un importante papel: nuestro aspecto y vestimenta, nuestra forma de hablar y de gesticular, de sentarnos, de mirar, etc., todo será detenidamente observado y evaluado. En la mentalidad africana, para ser respetado hay que parecer respetable.

CONTINÚA ⋯⋮⋗

– Las sociedades tradicionales africanas están organizadas y estratificadas en base a líneas de ascen-dencia-descendencia, edad y género, con unos roles y estatus claramente diferenciados para jefes, ancianos, guerreros, mujeres y niños. La edad merece el mayor de los respetos, y los mayores son tra-tados con deferencia y cortesía en todos los ámbitos, incluido el profesional y de negocios, ya que poseen la suficiente sabiduría y experiencia para merecer y ostentar autoridad. Su palabra raramente es cuestionada. Es más, llamar a alguien "anciano" es un signo de estima social.

– Hay otros africanos que, con independencia de su edad, poseen un estatus elevado: políticos, altos funcionarios, empresarios y directivos, etc. Esperarán ser tratados con el respeto y la etiqueta debidos a su posición. Y con solemnidad.

– El futuro tiene menos importancia que el pasado y el presente. Ello implica que aspectos como pla-nificación, previsiones, fijación de objetivos, etc., se ven desfavorecidos por tal causa. La orientación a corto plazo, con resultados inmediatos, prevalece claramente sobre el largo plazo.

– En las culturas colectivistas –y la africana lo es en grado sumo–, la consulta y el consenso son pri-mordiales. Prácticamente ninguna decisión será tomada al momento, sino tras un periodo, más o menos largo, dedicado a alcanzar el consenso. Se consideran todas y cada una de las opiniones disi-dentes, ya que todas las personas involucradas en una decisión deben quedar satisfechas.

– Los africanos conciben la negociación como una interacción social y personal de la que ambas par-tes han de salir igualmente satisfechas. A este respecto, la venta a presión es muy poco efectiva e incluso contraproducente: en la mentalidad africana, presionar y apresurar el trato suele ser percibi-do como un síntoma de engaño o manipulación.

2.4.1. Señala los puntos importantes que José Gutiérrez, considerando su origen cul-tural, deberá tener en cuenta para expresar su opinión en la zona africana.

2.4.2. Busca las similitudes y las diferencias entre el comportamiento africano y tu cultura, y anótalas. También anota algún aspecto que no se mencione en el texto y que pienses que, en tu cultura, es de vital importancia. Comenta, después, los resultados con tu compañero.

Similitudes	Diferencias

2.4.3. ¿Qué debería tener en cuenta una persona africana que viaja a tu país? Piensa en aspectos culturales, hábitos, horarios, etc. Redacta un texto guía con los resultados y preséntalo a la clase.

2.5. Como ves, no siempre es posible expresar llanamente una opinión. Aquí tienes ejemplos de frases atenuadas. ¿Podrías ordenarlas de mayor a menor implicación del hablante a la hora de opinar?

- a. Puede ser que me equivoque, pero creo que sería mejor que los vecinos convocaran una reunión cuanto antes.
- b. Es mejor que los vecinos convoquen una reunión cuanto antes.
- c. Creo que sería mejor que los vecinos convocaran una reunión cuanto antes.
- d Creo que es mejor que los vecinos convoquen una reunión cuanto antes.
- e. Sería mejor que los vecinos convocaran una reunión cuanto antes.
- f. Quizás sería mejor que los vecinos convocaran una reunión cuanto antes.

2.5.1. 🧑 📖 **Fíjate en este cuadro.**

Para quitar fuerza a la propia opinión, se pueden utilizar los siguientes recursos:

1. Desdibujar la primera persona al opinar, del siguiente modo:

    1.1. Eliminando los verbos que introducen opinión en primera persona: *creo, pienso...* o las estructuras del tipo: *en mi opinión, para mí...* Las estructuras del tipo *SER* + adjetivo + *que...* producen el efecto de opinión general y no individual.

    > – ~~Creo que~~ ⎫
    > – ~~Para mí,~~ ⎭ *es peligroso que los chicos jueguen en el parque.*

    1.2. Utilizando la 2.ª persona del singular, como intento de crear o mantener una relación de solidaridad-implicación con la persona que escucha.

    > – *¿Qué opina usted sobre sus vecinos?*
    > – *No sé si como presidente de la comunidad* **puedes** *dar tu opinión al respecto.*
    > – **Comprenderás** *que, en mi situación, no puedo opinar.*

    1.3. Mediante **uno/una** + verbo en 3.ª persona del singular. Este uso es parecido al anterior pero se aleja más de la persona que escucha.

    > – **Uno cree** *que hace bien y luego se da cuenta de que se ha equivocado.*

    1.4. Usando la 1.ª persona del plural: en los textos escritos y en los discursos de carácter expositivo, a modo de conclusión.

    > – *Con todo esto,* **creemos** *que las basuras son un problema general en los barrios de esta ciudad.*

2. Con el condicional:

    > – **Sería** *mejor que los niños no* **jugaran** *en la calle.*
    > – *Lo normal* **sería** *que los trabajadores* **se quejaran** *más.*

3. Recurrir a algunos elementos atenuadores, tanto para opinar como para expresar acuerdo y desacuerdo. Estos introductores acentúan la modestia, incompetencia o ignorancia de la persona que habla:

    > – *Si no me engaño,...*   – *Puede ser que me equivoque, pero...*
    > – *Tengo entendido que...*   – *No sé mucho de este asunto, pero...*
    > – *Parece ser que...*   – *Por lo visto...*

4. Expresando probabilidad: *quizás, probablemente, posiblemente...*

    > – **Probablemente** *haya que convocar una reunión para aclarar algunos puntos.*

    > 🔍 ¡Ojo! Las construcciones *creo que, me parece que, me temo que...* pueden funcionar como atenuadores cuando el hablante da información desagradable a otra persona.
    >
    > – **Creo que** *no vamos a salir esta noche.*

2.5.2. 🧑 ✏️ **Atenúa las siguientes opiniones. Después, discute con tu compañero qué otras posibilidades atenuantes hay para cada una de las frases.**

1. Estoy convencido de que has hecho mal tu trabajo.

    ∟⟶ [   ]

2. Para mí, está claro que tienes que ir al médico porque tienes un problema grave.

    ∟⟶ [   ]

3. ¿Que qué pienso de mis estudiantes? Pienso que no puedo hablar mal de ellos porque soy el profesor.

    ∟⟶ [   ]

4. Mira, Ana, lo mejor es que aprendas muchas lenguas para tu futuro profesional.

↳ _____

5. No hables con la boca llena.

↳ _____

6. Lo he hecho con la mejor intención del mundo, pero ahora veo que era mejor no hacer nada.

↳ _____

2.6. [👤] [🎧] **Escucha la siguiente conversación y clasifica las opiniones según expresen: seguridad, probabilidad e imposibilidad. Lo importante es que prestes atención a cómo introducen su opinión las personas que hablan.**
[33]

Seguridad	Probabilidad	Imposibilidad

2.6.1. [👤] [✏️] **Subraya los introductores de la opinión y completa las columnas con otros introductores que conozcas.**

[🔍] ¡Fíjate! Con la segunda columna, podemos:
1. Hablar de lo que es probable o posible.
2. Mitigar una opinión que puede resultar demasiado fuerte o brusca para el oyente.

2.7. [👤] [📖] **Vas a leer una carta de un lector al director de un periódico. Es una carta de opinión en la que habla de posibles soluciones a una cuestión que le afecta muy directamente. Antes, intenta adivinar de qué va a hablar y qué problemas va a exponer. Las fotos te darán algunas ideas.**

Necesitamos crear guarderías. Necesitamos crear residencias para la tercera edad. Necesitamos pisos asequibles para jóvenes y personas que viven solas. Necesitamos mejorar transportes e infraestructuras. Remunerar mejor la medicina y optimizar la sanidad...

Si hay falta de medios, de recursos económicos para tanta necesidad de primer orden, ¿por qué no ahorrar en campañas electorales? Suprimir tanto letrerito, carteles y fiestas. ¿Por qué este despilfarro en fiestas mayores de distritos? Propongo apretarse el cinturón en cuestiones que -apuesto- el ciudadano vería con buenos ojos a cambio de mejorar otras cosas mucho más necesarias. Celebraría, con mi voto, al político que lo propusiera. Los ciudadanos no somos tan aborregados como piensan algunos y estamos ávidos por mejorar nuestra calidad de vida, mil veces antes que recibir un "pa amb tomàquet" por ir a un mitin.

Elena Martínez. Barcelona

2.7.1. 👥 🔤 **Busca en el texto las palabras o expresiones correspondientes a las siguientes definiciones o sinónimos:**

1. Lugar donde se ofrece asistencia a los ancianos:...

2. Quitar:..

3. Ignorantes:..

4. Controlarse y gastar solo lo necesario:...

5. Ansiosos:..

6. Que se puede acceder fácilmente a ellos, económicamente hablando:.......................

7. Pagar un servicio, retribuir:..

8. Comida típica catalana:...

2.7.2. 👤 ✏️ **Marca los introductores de opinión que usa el autor del artículo. Cópialos en el cuadro de la izquierda, piensa en un equivalente atenuado para cada de uno de ellos y escríbelo en el cuadro de la derecha.**

2.7.3. 👤 ✏️ **Escribe una carta dirigida al alcalde de tu ciudad, exponiendo un problema y las posibles soluciones para resolverlo. Ten en cuenta cómo introduces tus opiniones.**

2.8. 👥 ❖ **Habéis decidido organizar una fiesta para celebrar que se acaba el curso. Sin embargo, no os ponéis de acuerdo en cuanto al tipo de fiesta que queréis hacer, a quién invitar, dónde hacerla... Vuestras personalidades chocan, pero, como sois amigos y no queréis que falte nadie, deberéis llegar a un acuerdo.**

El precio de la fama | 3

3.1. 👥 📖 **Fíjate en las siguientes opiniones. ¿Qué tienen en común?**

Todos piensan que ser famoso es lo mejor del mundo.

Se cree que el dinero da la felicidad.

Dicen que a uno siempre se le sube la fama a la cabeza.

La gente piensa que lo mejor es vivir más y trabajar menos.

Construcciones impersonales

Para hablar de una opinión general (que puede incluir o no la propia opinión), se puede:

Poner el verbo en tercera persona del plural

- Esta construcción solo funciona con los verbos de opinión: *creer, pensar...* cuando el contexto deja claro que nos referimos a un grupo específico de personas:
    - ▷ *¿Has decidido ya si te vas fuera el fin de semana?*
    - ► *No, ¡qué va! Voy a esperar a ver qué pasa. He visto "el tiempo" y* **creen** *(los expertos) que va a hacer malo...*

- Con los verbos de lengua, el contexto no es necesario:
    - **Dicen** *que mañana va a llover.* ➔ **He oído** *que mañana va a llover.*

Utilizar *SE* + verbo en tercera persona (singular o plural)

- Esta construcción no necesita contexto previo, tampoco con los verbos de opinión. Tiene sentido **pasivo**:
    - *Se comenta algo* (verbo en singular: concuerda con *algo*, que es el sujeto).
    - *Se comentan cosas* (verbo en plural: concuerda con *cosas*, que es el sujeto).

1. Para utilizar una estructura con *se* tenemos que tener una oración activa con sujeto general:
- *La gente cree que los españoles beben mucho vino.*
- *Los habitantes del pueblo no piensan esas cosas.*

2. Hay que suprimir el sujeto de la oración activa: *la gente, los habitantes del pueblo.* Después, introducimos *se* y ponemos el verbo en tercera persona del singular o del plural, dependiendo de lo que vaya después.

¡Fíjate! Si el sujeto es general, pero hace referencia a un grupo más específico de personas *(los españoles, los habitantes del pueblo)*, se conserva esa especificidad con una referencia al lugar *(en España, en el pueblo)*:
- **Los españoles** *beben mucho vino.* ➔ **En España** *se bebe mucho vino.*
- **Los habitantes del pueblo** *no piensan esas cosas.* ➔ **En el pueblo** *no se piensan esas cosas.*

3.2. 👤✏️ **Vuelve a escribir el siguiente texto. Sustituye los elementos en negrita, de forma que se siga conservando el sentido original. Ten en cuenta todo lo estudiado en la unidad. Puede haber más de una posibilidad.**

> **Todos saben** *que cada persona es un mundo. Por eso, afortunadamente, no* **todos pensamos** *igual. Por eso, si ves un vaso así* ●*,* **puedes** *pensar dos cosas: que está medio lleno o que está medio vacío.* **Dicen** *que depende de* **tu visión del mundo**, *de si* **uno** *es optimista o pesimista.*

3.3. 👥🗨️ **¿Qué harías por ser famoso?**

3.3.1. 🧑🎧 **Vas a escuchar unas declaraciones de Loles León, una actriz española.**
[34]

3.3.2. ⊞🗨️ **¿Crees que Loles León está contenta de ser famosa? ¿Qué razones tienes para pensar eso?**

3.4. ⊞🗨️ **Teniendo en cuenta lo que has hablado con tu compañero en 3.3. y después de conocer las opiniones de Loles León, vamos a hacer un debate:** *¿Vale la pena ser famoso?* **Antes, haz una lista de cinco argumentos a favor y en contra.**

Ejemplo:

▶ *Sí que vale la pena, porque* **se gana** *dinero muy fácilmente, sobre todo vendiendo exclusivas en las revistas del corazón.*

▶ *Ya, pero no te creas,* **no puedes** *hacer una vida normal y eso es muy duro.*

Háblame en cristiano **4**

■ ■

4.1. 👥🗨️ **¿Qué significa este dicho? Piensa en un contexto donde usarlo. ¿Conoces otros? Haz una lista y explica su significado.**

4.1.1. 👥🗨️ **¿Quién utiliza más los refranes y los dichos al hablar, tus padres, tus abuelos o tú? ¿Cuál crees que es la razón?**

4.2. 🧑✏️ **De las siguientes afirmaciones, di cuáles te parecen correctas:**

☐ 1. Aparecen en la literatura española, ya desde el siglo XIV.

☐ 2. En español, existen más de cien mil refranes.

☐ 3. Solo los usa la gente mayor, es algo anticuado.

☐ 4. Todos conocen el origen de los refranes.

☐ 5. Los refranes emiten la opinión de grupo.

4.2.1. 🧑📖 **Lee el texto y comprueba tus respuestas. Después, podéis comentarlas entre todos.**

El refranero español es uno de los más completos compendios de filosofía y saber popular que se conocen en el mundo. Los casi cien mil refranes que se registran en la lengua castellana dan pie a un extraordinario material que representa uno de los grandes valores aportados esencialmente por el pueblo, que los españoles siempre tenemos en cuenta en nuestra vida cotidiana,
5 puesto que nunca falta uno o varios refranes para ilustrar nuestra conversación, cualquier momento del día, cualquier rincón de nuestra existencia. Nuestra literatura clásica, desde el *Libro de Buen Amor*, del siglo XIV, es un magnífico exponente de la tradición refranera española. Desde entonces, el refrán nos ha acompañado siempre, ofreciéndonos su precisión, su oportunidad, su magnífica brevedad y su poder de ilustración.

10 Los refranes son una parte esencial y sustanciosa del hablar diario de los hispanohablantes. De hecho, muchas veces se utilizan para apoyar la propia opinión y, a su vez, darle un carácter general, ya que en realidad reflejan los intereses de un pueblo. Con ellos, al recurrir a una opinión colectiva que ha perdurado durante siglos, el hablante se asegura la aprobación del que escucha. Frases como: "ya sabes", "ya se sabe", "ya lo dice el refrán" o "como dice el refrán" introducen
15 este tipo de estructuras. Y si usamos algunos muy conocidos, solo enunciaremos su primera parte y los dejaremos en suspensión: "Dime con quién andas...". Y otra cosa: pocas personas sabrán explicar el origen de los refranes que usan.

Adaptado de http://www.totana.com

4.3. 👥 ✏️ **Relaciona la columna de la izquierda con la de la derecha, de forma que construyas dichos o refranes. Abajo tienes las explicaciones que te pueden servir de ayuda.**

1 De tal palo •	• **a** tiene un tesoro.
2 Segundas partes •	• **b** que nunca.
3 Ojos que no ven •	• **c** nunca fueron buenas.
4 Sobre gustos •	• **d** rey puesto.
5 Afortunado en el juego •	• **e** otorga.
6 Dios los cría •	• **f** corazón que no siente.
7 Más vale tarde •	• **g** y ellos se juntan.
8 Quien calla •	• **h** tal astilla.
9 A rey muerto •	• **i** no hay nada escrito.
10 Quien tiene un amigo •	• **j** desafortunado en amores.

1. Si no dices lo contrario, quiere decir que estás de acuerdo con lo que se ha dicho anteriormente.

2. Los hijos actúan igual que los padres.

3. Se dice cuando ha pasado poco tiempo entre un novio/a y otro/a.

4. Si no ves algo que puede hacerte daño, no sufres.

5. Puedes ganar dinero en los juegos de azar, pero no tendrás la misma suerte en tu vida sentimental.

6. La amistad tiene un gran valor.

7. Se dice cuando llevas mucho tiempo esperando algo y, por fin, llega.

8. Las personas que tienen el mismo carácter o se comportan de forma idéntica acaban por relacionarse entre ellas.

9. Suele decirse cuando estás sorprendido por los gustos de otra persona.

10. Si un período de tu vida (trabajo, vida sentimental...) no ha funcionado, hay que cerrarlo completamente y no volver a él. En caso contrario, seguiría sin funcionar.

4.3.1. 👤 🎧 **Vas a escuchar a dos personas que hablan de diferentes temas. Piensa en un**
[35] **refrán que se pueda aplicar a cada uno de ellos y escríbelo en la casilla correspondiente.**

1.	
2.	
3.	
4.	
5.	
6.	

Los refranes son reflejo de la filosofía popular, son "fósiles" de la lengua que increíblemente perduran a través del tiempo; pero la lengua también deja espacio para lo nuevo, es permeable, se deja influir por otras lenguas; ese es el caso del español de Puerto Rico, por ejemplo; en este país se pueden escuchar muchas expresiones híbridas: mitad español, mitad inglés. Incluso hay algunos que hablan de una lengua nueva: el *spanglish*.

4.4. 🧍📖 **Puerto Rico es un país lleno de mezclas, en él conviven tradición y modernidad, también en su español. Lee este texto y conocerás más cosas de este país.**

Cristóbal Colón descubrió la isla de San Juan Bautista en 1493 (llamada Puerto Rico a partir de 1521), durante su segundo viaje a América. Por aquel entonces, sus únicos habitantes eran los indios taínos. Los espa-

ñoles que llegaron allí se mezclaron con indias para poblar la isla, y así se inició la primera etapa de mestizaje en el territorio. Llegaría, más tarde, una segunda etapa, con los esclavos negros africanos. En 1898, la isla consiguió su independencia de España, pero, pocos meses después, fue invadida por el Ejército de EE. UU. Mediante el tratado de París, terminó la Guerra Hispanoamericana y Puerto Rico fue cedida a Estados Unidos. De esta manera, con la cultura estadounidense, nos encontramos ante la tercera etapa de mestizaje. A toda esta variedad hay que añadir la presencia cubana de los refugiados políticos, así como la francesa, alemana, italiana, libanesa y china de los trabajadores llegados a la isla.

Las tradiciones son ejemplos perfectos de diversidad. De los norteamericanos, tienen, entre otras cosas, el dólar y la celebración del Día de Acción de Gracias, el cuarto jueves de noviembre. Se mueven a ritmo de salsa y de bomba, esta última de origen africano. Como instrumentos musicales, tocan el güiro, heredado de los taínos, y el cuatro, derivado de la guitarra española. Para comunicarse utilizan el español, el inglés y un híbrido de ambas, llamado "spanglish"; todos ellos impregnados de voces taínas.

Desde 1952, el país es un Estado Libre Asociado de EE. UU. Actualmente, continúa la polémica sobre si la isla debe pasar a formar parte de Estados Unidos como estado, seguir con su condición de asociado o ser un país totalmente independiente.

4.5. 👥🗨️ **Intenta con tu compañero "traducir" estas frases del *spanglish* al español.**

1. María tiene que ir al doctor, pues tiene un appoinment a las 3:00: ....
2. Tengo que limpiar la carpeta con la aspiradora: ....
3. Mi boss me pagó con cash por haber trabajado overtime: ....
4. Todas las noches, mi baby toma un glasso de leche: ....
5. Anoche fui a watchar una movie con mi novia: ....
6. Mi mamá fue a la marketa para comprar el lonche de la semana: ....
7. José, ayúdame a puchar el carro pa'delante: ....
8. Es que no sé cómo espelearle mi nombre: ....

4.5.1. 🧍📖 **El *spanglish* está originando numerosas opiniones a favor y en contra. Lee estos fragmentos encontrados en Internet para informarte más sobre este fenómeno.**

"*Spanglish*... este lenguaje ha estado causando un gran fenómeno en el mundo hispano. Este "lenguaje" ha sido criticado por muchas personas cultas que luchan por conservar el idioma español puro y original. Pero el *spanglish* es un fenómeno que se está convirtiendo en realidad día tras día. Es probable que en el futuro, el *spanglish* se convierta en una sublengua, tal como la subcultura hispana en Estados Unidos. ¡Puede pasar!".

"El termino *spanglish* es relativamente nuevo, fue formado entre 1965 y 1970. Podría ser definido como sigue: cualquier forma de español que emplea una gran cantidad de palabras prestadas del inglés, especialmente como sustitutos de palabras existentes en español".

CONTINÚA ····▸

"El *spanglish* es hablado virtualmente en todas las comunidades hispanas que residen en los EE. UU. así como en Puerto Rico. Si visitas una comunidad hispana, encontrarás que muchas palabras en inglés son introducidas en oraciones en español".

"Si no estás acostumbrado a escuchar *spanglish*, se te hará un poco graciosa la manera en que las palabras inglesas son usadas en oraciones de español, por ejemplo: *Ayer **quité** mi trabajo*, lo cual sería: *Ayer **renuncié** a mi trabajo*".

"Una de las áreas en que se usa *spanglish* mas comúnmente es en la tecnología. Muchísimos de los términos de tecnología, especialmente Internet, no tienen traducción directa al español".

"La mayoría de hispanos usan *spanglish* porque, algunas veces, es mas fácil describir algo en inglés. Esto se debe a que ellos no saben la traducción correcta de una palabra de español en particular, y por eso usan el inglés".

Adaptado de http://members.tripod.com/~nelson_g/spanglish.html

"El *spanglish*, la lengua compuesta de español e inglés que salió de la calle y se introdujo en los programas de entrevistas y las campañas de publicidad, plantea un grave peligro a la cultura hispánica y al progreso de los hispanos dentro de la corriente mayoritaria norteamericana. Aquellos que lo toleran e incluso lo promueven como una mezcla inocua no se dan cuenta de que esta no es una relación basada en la igualdad. Para Roberto González-Echeverría, profesor de literaturas hispánicas y comparadas en la Universidad de Yale, la mezcla de español e inglés lejos de ser inocua perjudica a los propios hablantes".

"El *spanglish* es un síntoma de la libertad, de la creatividad del hablante".

"El *spanglish* tiene sus defensores. «Reflejamos la vida entre dos lenguas y dos culturas de nuestros lectores», dice Christy Haubegger, editora de *Latina*; «el *spanglish* es una muestra de destreza lingüística», afirma Ana Celia Zentella, una profesora universitaria que ha escrito un libro sobre el bilingüismo en Nueva York".

Adaptados de http://www.elcastellano.org/spanglis.html

4.5.2. ¿Y vosotros? ¿Creéis que el *spanglish* es un fenómeno negativo o positivo para el español? Defended vuestras posturas argumentando.

1. **Lo que más me ha sorprendido de esta unidad es... (discútelo con tus compañeros)**

   ....
   ....
   ....

2. **Escribe los adjetivos de carácter que recuerdes.**

   ....
   ....
   ....

3. **¿Qué recursos tienes para opinar de forma "más diplomática"?**

   ....
   ....
   ....

4. **¿Qué aspectos culturales has aprendido sobre Puerto Rico?**

   ....
   ....
   ....

Unidad 10

Contenidos funcionales
- Expresar sentimientos, gustos, emociones
- Rectificar una información
- Hablar de olores y sabores

Contenidos gramaticales
- Revisión de pronombres relativos
- Concordancia verbal: modos indicativo y subjuntivo

Contenidos léxicos
- La gastronomía y los sentidos

Contenidos culturales
- Gastronomía española. La matanza del cerdo en España
- Literatura: Isabel Allende, Lucía Etxebarría, Manuel Vicent
- *La colmena* de Camilo José Cela

1 Comer, comer...
para poder crecer

1.1.  ¿Con qué frase te identificas más y por qué? ¿Qué relación tienes con la comida? Discute con tus compañeros y defiende tu opción.

Comer para alimentarse

Comer para olvidar

Comer por placer

1.1.1. Y, ahora, vamos a cambiar el verbo "comer" por "cocinar". ¿Qué frase elegirías? ¿Por qué?

Cocinar para alimentarse

Cocinar para olvidar

Cocinar por placer

1.2. Tu profesor te dará instrucciones para trabajar el léxico.

Verdura	Pescado	Carne	Fruta	Plato	Utensilio de cocina	Acción relacionada con cocinar
puerro	pescadilla	pavo	plátano	paella	plato hondo	picar

1.3. [36] Patxi Zurita, periodista especializado en gastronomía, le ha hecho una entrevista a Anjel Lertxundi, escritor vasco, para *El Correo Digital*. Aunque grabó la entrevista, también tomó algunas notas. Escucha la grabación con atención, toma notas y rectifica las erróneas, consultando el cuadro de la página siguiente.

Ejemplo: *No es al mediodía cuando cocina, sino por la noche.*

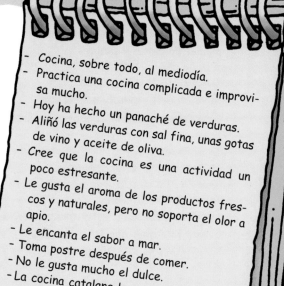

- Cocina, sobre todo, al mediodía.
- Practica una cocina complicada e improvisa mucho.
- Hoy ha hecho un panaché de verduras.
- Aliñó las verduras con sal fina, unas gotas de vino y aceite de oliva.
- Cree que la cocina es una actividad un poco estresante.
- Le gusta el aroma de los productos frescos y naturales, pero no soporta el olor a apio.
- Le encanta el sabor a mar.
- Toma postre después de comer.
- No le gusta mucho el dulce.
- La cocina catalana le parece muy interesante.
- Dentro de la cocina catalana destaca el "all i pebre".

Entrevista de www.elcorreodigital.com/gastronomia/articulos/arti020401.html

Para rectificar una información, usa:

– No, + elemento erróneo + no + verbo, + $\left\{\begin{array}{l} el\ que \\ la\ que \\ los\ que \\ las\ que \\ lo\ que \\ cuando \\ donde \end{array}\right\}$ + verbo + ser + elemento correcto.

No, las zanahorias no se fríen, las que se fríen son las cebollas.

– No, no + ser + elemento erróneo + $\left\{\begin{array}{l} el\ que \\ la\ que \\ los\ que \\ las\ que \\ lo\ que \\ cuando \\ donde \end{array}\right\}$ + acción, + sino + elemento correcto.

No, no es el lunes cuando voy, sino el martes.

– No, no + decir que + elemento erróneo (subjuntivo), + sino que + elemento correcto (indicativo).

No, no digo que no quiera ir, sino que no puedo ir.

– No, no + elemento erróneo + al contrario, (+ elemento correcto y opuesto al erróneo).

No, no es antipático, al contrario, (es simpático).

1.4. Tanto si cocinas para alimentarte como para olvidar o por placer, seguro que tienes un plato que siempre preparas, para ti o para tu gente. Explícale a tu compañero qué utensilios necesita, qué ingredientes y cómo se hace ese plato. Hay una condición: tu compañero no puede tomar notas. Puedes utilizar el léxico que aparece en el cuadro.

cocer	batir	sartén	cuchillo
asar	revolver	cazuela	cuchara
freír	mezclar	plato	servilleta
dorar	echar	vaso	cazo
guisar	añadir	fuente	espumadera
pelar	aliñar	ensaladera	colador
cortar	gratinar	tenedor	olla a presión

1.4.1. Escribe la receta que te ha explicado tu compañero.

1.4.2. Lee la versión que ha hecho tu compañero de la receta que le has enseñado y rectifícala si es necesario.

2 Este sabor me recuerda a...

2.1. 👤 📝 **Lee estas tres historias de tres mujeres que hablan de su relación con la comida en una etapa de su vida y, según el contenido, escribe un título para cada una de ellas.**

Texto A

Una noche de enero de 1996, soñé que me lanzaba a una piscina de arroz con leche, donde nadaba con la gracia de una marsopa. Es mi dulce preferido –el arroz con leche, no la marsopa–, tanto es así que en 1991, en un restaurante de Madrid, pedí cuatro platos de arroz con leche y luego ordené un quinto de postre. Me los comí sin parpadear, con la vaga esperanza de que aquel nostálgico plato de mi niñez me ayudaría a soportar la angustia de ver a mi hija muy enferma. Ni mi alma ni mi hija se aliviaron, pero el arroz con leche quedó asociado en mi memoria con el consuelo espiritual. En el sueño, en cambio, nada había de elevado: yo me zambullía y esa crema deliciosa me acariciaba la piel, resbalaba por mis pliegues y me llenaba la boca. Desperté feliz y me abalancé sobre mi marido antes que el infortunado alcanzara a darse cuenta de lo que ocurría. A la semana siguiente, soñé que colocaba a Antonio Banderas desnudo sobre una tortilla mexicana, le echaba guacamole y salsa picante, lo enrollaba y me lo comía con avidez. Esta vez desperté aterrada. Y, poco después, soñé... Bueno, no vale la pena seguir enumerando, basta decir que, cuando le conté a mi madre esas truculencias, me aconsejó ver a un psiquiatra o a un cocinero.

Isabel Allende, Afrodita

Texto B

Ayer, mientras preparaba una bola de helado de zanahoria, mi último experimento, para depositarla sobre un crujiente cucurucho y luego saborearla lentamente, recordé a mi padre y los cuentos que me contaba, inventados por él, cuando era pequeña. Había uno en particular, cuya protagonista era una niñita llamada Zapaquilda que vivía en el bosque. Vivía un sinfín de aventuras, siempre rodeada de sus amigos los animales y de la naturaleza. Las andanzas de esta niña nunca se repetían, aunque sí algunos detalles de su vida en el bosque. Así, mi padre disfrutaba enormemente contándome las fiestas de cumpleaños a las que asistía nuestra protagonista, invitada siempre por una ardilla, un conejito, un búho o cualquier otro animal, de los que era muy querida. La merienda estaba compuesta por bocadillos y emparedados de todas clases, pero lo que más me llamaba la atención y más ansiosamente esperaba del relato era la llegada del postre. Con maestría, parsimonia y delectación, mi padre iba enumerando y describiendo las tartas y helados que saboreaban los animalitos junto a nuestra amiga. Todo estaba elaborado con las verduras y hortalizas que crecían en el bosque, así que los helados eran de lechuga, de zanahoria, de tomate... Nada podía resultar más fantástico e insólito para una niña de apenas cinco años como yo y trataba de recrear en mi imaginación aquellos sabores que me desconcertaban y a la vez me estimulaban. Los años fueron pasando y nunca olvidé a mi amiga Zapaquilda, ni mucho menos aquellos postres y helados, ni por supuesto a mi padre. Él, goloso empedernido, me inició en el amor por lo dulce; un hombre dulce y bondadoso que era feliz haciendo felices a los demás con las cosas más pequeñas e insignificantes, restando importancia a los conflictos, viendo siempre el lado bueno de la vida. Mi amor por la cocina se remonta a mi niñez más temprana, pero mis prácticas culinarias no empezaron a tomar cuerpo hasta pasados bastantes años.

www.afuegolento.com/noticias/26/firmas/tatiana

Texto C

No sé si me quedaré así para siempre, pero sí recuerdo que hubo un tiempo, en mi primera adolescencia, en que me sometí a una prueba de hambre voluntaria, en aquella época en la que apenas comía. Frente a la comida sentía una náusea maligna, plena del placer del rechazo. Mis costillas eran ganchos, mi columna una cuchilla y mi hambre una coraza... El ayuno constituía una prolongada resistencia al cambio, el único medio que yo imaginaba para mantener la dignidad que tenía de niña y que perdería como mujer. No quería ser mujer.

2.1.1.  **¿Qué palabras de las siguientes identificarías con cada texto? Justifica tu respuesta localizando en los textos la información que se relacione con la palabra.**

> Yo la palabra "nostalgia" la asocio al texto B porque...

	Texto	
1. **Nostalgia**	☐	
2. **Erotismo**	☐	
3. **Humor**	☐	
4. **Recuerdo**	☐	
5. **Placer**	☐	
6. **Niñez**	☐	
7. **Fantasía**	☐	
8. **Voluptuosidad**	☐	
9. **Enfermedad**	☐	
10. **Asco**	☐	

2.1.2. **¿Recuerdas que en el texto B la autora de la historia dice que su padre es un "goloso empedernido"? ¿Sabes qué significa esta expresión? Puedes deducir su significado por el contexto. A continuación, te damos otras expresiones diferentes relacionadas con la forma de comer, utiliza tu intuición y relaciona las expresiones con una de las personas de la ilustración. ¿Qué expresión relacionarías con cada una de las mujeres de los textos anteriores?**

☐ comer como una lima

☐ ponerse como el quico

☐ ponerse morado

☐ ser un glotón

☐ comer como un pajarito

☐ tener un estómago sin fondo

☐ hacer ascos

☐ tener o hacer remilgos

☐ (los macarrones) no me dicen nada

☐ a mí, (los macarrones) ni fu ni fa

☐ comer a la fuerza

☐ ponerse las botas

2.2.  ¿Con cuál de las dos fotos del ejercicio anterior te identificas? ¿Qué expresión de las aprendidas crees que te define a la hora de comer? ¿Conoces a alguien que coma de la forma que describen las expresiones anteriores?

> Pues yo tengo un amigo que por una apuesta se comió 12 huevos duros; el tío suele comer como una lima, pero ese día se puso malísimo.

2.3. Fíjate en cómo expresan sentimientos las personas de estas viñetas. Utiliza tu intuición y decide dónde colocar cada una de las frases según los usos que te presentamos a continuación.

> **A** — De niña me encantaba que mi madre me preparara arroz con leche.

> **B** — A mi madre le extrañó que tuviera aquel sueño y me recomendó ir a un especialista.

> **C** — Me encantaría que hubiera postres y helados con sabor a verduras.

> **D** — Me horrorizó que un famoso apareciera en mis sueños gastronómicos.

> **D** — Me chifla que hagan postres tan ricos en España.

> **E** — Me encanta que me hayas hecho descubrir lo interesante que es cocinar.

> **G** — Lo que más odiaba de pequeño era que mi padre me obligara a comer.

1. Cuando alguien expresa un sentimiento sobre lo que otra persona hace normalmente.

2. Cuando alguien expresa un deseo hipotético sobre algo.

3. Cuando alguien expresa un sentimiento sobre lo que otra persona hizo o sobre lo que pasó en un momento del pasado.

4. Cuando alguien expresa un sentimiento sobre lo que otra persona ha hecho en un momento cercano al presente.

A. Para reaccionar ante lo que otra persona hace, utilizamos:

- Me gusta   • Me disgusta
- Me encanta   • Me fascina
- Me chifla   • Me entusiasma   ⎫ + que + presente de subjuntivo
- Odio   • No soporto   ⎬
- Me resulta insoportable...   ⎭

- Lo que (más/menos) ⎰ me gusta   ⎱ + es que + presente de subjuntivo
                     ⎱ me disgusta ⎰
                       me fascina

B. Para reaccionar ante lo que otra persona ha hecho, utilizamos:

- Me gusta   • Me disgusta
- Me encanta   • Me fascina
- Me chifla   • Me entusiasma   ⎫ + que + pretérito perfecto de subjuntivo
- Odio   • No soporto   ⎬
- Me resulta insoportable... .   ⎭

- Lo que (más/menos) ⎰ me gusta   ⎱ + es que + pretérito perfecto de subjuntivo
                     ⎱ me disgusta ⎰
                       me fascina

C. Para reaccionar ante lo que otra persona hizo en un pasado terminado utilizamos:

- Me gustaba   • Me gustó ⎫ + que + imperfecto de subjuntivo
- Odiaba   • Odié   ⎭

- Lo que (más/menos) ⎰ me gustaba   ⎱ + era/fue que + imperfecto de subjuntivo
                     ⎟ me gustó   ⎟
                     ⎟ me disgustaba ⎟
                     ⎱ me disgustó   ⎰

D. Para expresar un deseo hipotético utilizamos:

- Me gustaría   ⎫ + que + imperfecto de subjuntivo
- Me encantaría ⎭

Haz memoria:
Cuando se expresan sentimientos o deseos sobre uno mismo, se utiliza el infinitivo:
– *Odio **cocinar**.*
– *Me gustaría **tener** un restaurante.*

2.4. **Escribe expresiones que conozcas para transmitir:**

1. **Alegría** ....
2. **Tristeza o dolor** ....
3. **Gusto/satisfacción** ....
4. **Enfado** Me pone a cien que... ....
5. **Asco** ....
6. **Indiferencia** ....
7. **Sorpresa** ....
8. **Aburrimiento** ....
9. **Miedo** ....

2.5.  ¿Conoces este lugar? ¿Sabes dónde está?

2.5.1. Lee la siguiente historia en la que Álvaro cuenta sus experiencias de su viaje al Aconcagua (Mendoza, Argentina). Algunos verbos se han caído. Ponlos en su lugar.

> llamar • estar • hablar • llevar • considerar • enviar

Mi viaje al Aconcagua ha sido maravilloso, una aventura llena de emociones aunque, como es normal, ha habido cosas buenas y malas. Por ejemplo, me sorprendió muchísimo que todo **(1)** .... organizado al milímetro, me resultó un poco agobiante. Los participantes de la expedición eran muy amables y entusiastas, pero, a la hora de las subidas, lo que me molestaba era que algunos no **(2)** .... el equipo adecuado, eso nos hacía retrasarnos mucho. Me encantaba ver la puesta de sol, era alucinante. Nuestro guía nos explicó que las puestas de sol del Aconcagua eran las más impresionantes del mundo. No fui solo, claro, fui con mi amigo Carlos, que es un experto montañero, compartiendo con él tienda de campaña. Por la noche, me ponía de los nervios que Carlos **(3)** .... sin parar hasta las tantas porque madrugábamos mucho, y a mí, que soy muy dormilón, se me pegaban las sábanas y me sacaba de quicio que el guía me **(4)** .... la atención con lo de la impuntualidad. Lo que más me gustó fue la sensación de libertad que sientes allí, todo se relativiza al contemplar un paisaje tan inmenso. Me impresionó conocer que los incas **(5)** .... al Aconcagua como un templo sagrado. ¡En fin! Me encanta viajar, y que mis compañeros después me **(6)** .... sus fotos y sus impresiones sobre el viaje que hicimos juntos es algo inolvidable.

 Fíjate en estas dos estructuras que utiliza Álvaro:

– *Lo que más me gustó fue* **la sensación de libertad**.
– *Lo que me molestaba era que* **algunos no llevaran el equipo adecuado**.

2.5.2. Ahora, escribe las experiencias de algún viaje que hayas hecho con amigos y trata de utilizar las expresiones de sentimiento, como ha hecho Álvaro.

¿Qué es lo que más te gustó?

¿Qué te sorprendió?

¿Qué cosas te ponían de los nervios de esa cultura?

¿Qué te gustaba o te molestaba de la convivencia en el viaje con tus amigos?

2.5.3. A veces, convivir con gente puede ser algo positivo o un verdadero infierno. Imagina que vives con un compañero de clase, elige una de estas situaciones y expresa tus sentimientos.

- Tu compañero hace fiestas todos los días hasta las tantas de la madrugada y no te deja dormir.
- Cuando sales de viaje con tu compañero, nunca lleva dinero encima y siempre tienes que pagar tú.
- Tienes un compañero que te cuenta chistes muy buenos y siempre te hace reír.
- Tienes un compañero que es capaz de cocinar cosas buenísimas.
- Si has tenido un mal día, si estás deprimido, si tienes algún problema, tu compañero siempre te anima.
- Si se rompe la lavadora o cualquier cosa de casa, tu compañero lo arregla sin ningún problema.
- Tu compañero nunca es puntual, lo tienes que esperar, siempre tiene alguna excusa para llegar tarde.

2.6. Lee esta publicidad del Ministerio de Asuntos Sociales para evitar conflictos de pareja y en la convivencia.

La mayor parte de las manías no pasa de ser hábitos o costumbres intrascendentes que no repercuten negativamente en nuestro vivir cotidiano. Sin embargo, existen otras de carácter negativo que pueden acabar esclavizando a las personas con las que convivimos:

¡Aprende a convivir!
¡ Sé solidario!

2.6.1. ¿Y tú? ¿Tienes manías? ¿Cómo repercuten en la convivencia? Piensa en las manías que te molestan de las personas con las que convives o trabajas.

Ejemplo: *Pues yo no soporto que mi compañero no cierre el tubo de pasta de dientes. Pero ya no discutimos, ¿para qué? Es una manía, así que cierro yo el tubo, y ya está.*

Tiene la manía de no fregar inmediatamente después de comer y, luego, siempre hay que echarle una mano.

Tiene la manía de no cerrar el tubo de pasta de dientes.

¡Esto me **huele mal**! **3**

3.1. ¿Quién creéis que puede decir esta frase? ¿Qué expresión de las que te damos abajo crees que es sinónima de esta? ¿Qué significan las otras dos?

☐ **A.** Aquí hay gato encerrado.

☐ **B.** Llevarse como el perro y el gato.

☐ **C.** Dar gato por liebre.

3.2. 👤 🖉 **Ciertos olores y sabores los tenemos asociados a momentos especiales de nuestra vida tanto agradables como desagradables. Lee este fragmento de *La Colmena* del escritor español Premio Nobel de Literatura, Camilo José Cela donde se recrea una situación asociada a un peculiar olor.**

Adaptado de http://usuarios.lycos.es/precervantes/biografias/cela.html

Poeta, narrador, dramaturgo, ensayista y articulista español (Iria Flavia, La Coruña, 1916). En 1931, una enfermedad pulmonar le obligó a numerosos períodos de reposo en los que se dedicó a las lecturas que habían de conformar su personalidad literaria: Cervantes, Quevedo y Ortega y Gasset, a los que habría que sumar su desgarrada visión de España, emparentada directamente con la de Goya y Valle-Inclán. A este esperpentismo corresponde en buena medida el carácter brutal de algunas páginas de sus libros como *La Familia de Pascual Duarte* (1942), cuya publicación dio lugar a la creación de una corriente denominada **tremendismo**. En 1957, ingresó en la Real Academia Española. Obra fundamental es *La Colmena* (1952), donde el autor se comporta como el fotógrafo que sale a la calle con su cámara a cuestas para retratar lo que ve. Destacan, entre otras muchas obras, *Pabellón de reposo* (1943), *Viaje a la Alcarria* (1948), *Oficio de Tinieblas 5* (1973), *Mazurca para dos muertos* (1983), *Cristo versus Arizona* (1988). Es autor de varios volúmenes de memorias y numerosos relatos, artículos periodísticos y trabajos de erudición, entre los que destaca su *Diccionario secreto* (1968 y 1971). Recibió el Premio Nobel de Literatura en 1989. En su importante faceta como articulista, colaboró con los periódicos *El Independiente, El País, El Mundo* y *ABC,* entre otros. Murió el 17 de enero de 2002.

Estaba enfermo y sin un real, pero se suicidó porque olía a cebolla.
– Huele a cebolla que apesta, huele un horror a cebolla.
– Cállate, hombre, yo no huelo a nada, ¿quieres que abra la ventana?
– No, me es igual. El olor no se iría, son las paredes las que huelen a cebolla, las manos me huelen a cebolla.
La mujer era la imagen de la paciencia.
– ¿Quieres lavarte las manos?
– No, no quiero, el corazón también me huele a cebolla.
– Tranquilízate.
– No puedo, huele a cebolla.
– Anda, procura dormir un poco.
– No podría, todo me huele a cebolla.
– ¿Quieres un vaso de leche?
– No quiero un vaso de leche. Quisiera morirme, nada más que morirme, morirme muy deprisa, cada vez huele más a cebolla.
– No digas tonterías.
– ¡Digo lo que me da la gana! ¡Huele a cebolla!
El hombre se echó a llorar.
– ¡Huele a cebolla!
– Bueno, hombre, bueno, huele a cebolla.

– ¡Claro que huele a cebolla! ¡Una peste!
La mujer abrió la ventana. El hombre, con los ojos llenos de lágrimas, empezó a gritar.
– ¡Cierra la ventana! ¡No quiero que se vaya el olor a cebolla!
– Como quieras.
La mujer cerró la ventana.
– Quiero agua en una taza; en un vaso, no.
La mujer fue a la cocina, a prepararle una taza de agua a su marido.
La mujer estaba lavando la taza cuando se oyó un berrido infernal, como si a un hombre se le hubieran roto los dos pulmones de repente.
El golpe del cuerpo contra las losetas del patio, la mujer no lo oyó. En vez sintió un dolor en las sienes, un dolor frío y agudo como el de un pinchazo con una aguja muy larga.
– ¡Ay!
El grito de la mujer salió por la ventana abierta; nadie le contestó, la cama estaba vacía.
Algunos vecinos se asomaron a las ventanas del patio.
– ¿Qué pasa?
La mujer no podía hablar. De haber podido hacerlo, hubiera dicho:
– Nada, que olía un poco a cebolla.

3.2.1. 👤 🖉 **En el texto hablan dos personajes; elige la opción que mejor defina a la mujer y apóyate en el texto para defender tu opción.**

☐ **A.** Es una mujer con una paciencia infinita.

☐ **B.** Es una mujer que no comprende a su marido.

☐ **C.** Es una mujer a la que le encanta cocinar con cebolla a pesar de que a su marido le repugna su olor.

CONTINÚA ●●●●●

Elige, ahora, la opción que define mejor al hombre según tu opinión y apoyándote en el texto.

    A. Es un enfermo desquiciado.

    B. Es alguien alérgico a la cebolla.

    C. Es un maniático de los olores.

Por último, elige la opción que mejor defina la relación entre ellos.

    A. Él la tiene dominada y no la trata bien.

    B. Ella intenta hacerle la vida imposible.

    C. Ella le quiere a pesar de que su enfermedad le agríe el carácter.

3.2.2. 🧑 ✏️ **Redacta el texto en forma de noticia sensacionalista y ponle un título impactante; puedes añadir algún dato de tu cosecha.**

Noticias de hoy

3.3. 👪 🗨️(BLA) **¿Qué olores y sabores te transportan a otros momentos de tu vida?**

Para hablar de buenos olores o sabores puedes usar:

– (Me) huele/sabe (muy) bien/fenomenal ➔ en general

– Huele a rosas ➔ muy bien

– Huele que alimenta ➔ para comidas

– Está muy bueno/rico

Para hablar de malos olores o sabores puedes usar:

– (Me) huele/sabe (muy) mal/fatal

– Huele a rayos ➔ muy mal

– Huele que apesta

– Huele de pena

– Está muy malo

Para hablar de gustos en olores y sabores puedes usar:

– Me encanta ⎫

– Me atrae ⎪   ⎧ el olor/sabor a/de...

          ⎬ + ⎨ cómo huele/cómo sabe...

– Me da gusto ⎪   ⎩ oler/saborear algo

– Me agrada ⎭

– Tengo debilidad por + nombre

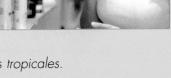

Ejemplos:

    – Me encanta cómo huelen los naranjos en flor.

    – Pues a mí me atrae muchísimo el sabor de las frutas tropicales.

    – A mi madre le da gusto oler el café recién molido.

    – Tengo debilidad por las croquetas caseras.

CONTINÚA ⋯⋰

- Odio
- No soporto
- Me repugna
- Me da asco
- Me desagrada
- Me pone enfermo

+ el olor/sabor a/de...
cómo huele/cómo sabe...
oler/saborear algo

- Tengo manía a
- No soy muy amigo de
- No me va mucho

+ el olor/sabor a/de...
cómo huele/cómo sabe...
oler/saborear algo

Ejemplos:

▷ *No soporto el sabor del curry.*

▶ *Pues a mí me encanta.*

– *A mí me da asco cómo huele la ropa después de haber estado bailando en una discoteca.*

– *A mi hermano le pone enfermo oler a tabaco en casa, por eso siempre que llega a casa, abre las ventanas.*

- Ni me gusta ni me disgusta
- No me molesta

+ el olor/sabor a/de...
cómo huele/cómo sabe...
oler/saborear algo

Ejemplos:

▷ *Odio las lentejas. Al olerlas me entran náuseas.*

▶ *¿Sí? Pues a mí ni me gusta ni me disgusta comer lentejas. Me da igual.*

3.4. 👤 ✏️ **¿Recuerdas algún lugar especialmente agradable/desagradable por su olor? Cuenta por escrito dónde era, qué hacías, etc.**

3.5. 👥 💬 **Haced el siguiente cuestionario a vuestro compañero. Antes, completadlo con dos preguntas más, teniendo en cuenta el cuadro anterior.**

1. ¿Comes con la nariz, con los ojos o te aventuras directamente por el gusto? ¿Por qué?
2. Si una comida te huele mal, pero te dicen que está muy buena, ¿qué haces?
3. ¿Hay algún alimento cuyo olor odies, pero aprecies su sabor?
4. ¿Te da asco algún alimento hasta tal punto que no puedas verlo ni olerlo?
5. ¿Tienes alguna debilidad por algún plato en especial o por algún alimento?
6. ¿Eres maniático para comer?
7. ¿Qué aromas te despiertan el hambre?
8. ....
9. ....

3.5.1. Poned en común los resultados del cuestionario y, entre todos, confeccionad una estadística sobre los gustos y manías de la clase a la hora de comer. Podéis colgarlo en la pared de la clase.

Lo que no mata engorda 4

4.1. ¿Sabrías decir de qué carne están hechos estos productos? Asocia el nombre de cada producto con su foto correspondiente. ¿Esta carne forma parte de tu dieta? ¿Es una carne de consumo habitual en la gastronomía de tu país? ¿Cómo la cocinan?

> chorizo • longaniza • salchichón • jamón • lomo embuchado • morcilla

 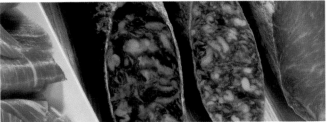

4.2. Antes de leer este texto, fíjate en el título e intenta predecir cuál será su contenido, esto te facilitará la lectura del texto. Si lo crees necesario, utiliza tu diccionario.

La matanza del cerdo

En España, el consumo de carne de cerdo es muy habitual; además, tenemos muchos productos derivados de este animal como el jamón y los embutidos (carne de cerdo y tocino con especias introducidos en un intestino de cerdo u otro animal que se puede comer frita, a la brasa o seca). Por eso, una de las tradiciones más populares en los pequeños pueblos de la geografía española es, sin duda, la de la matanza, es decir matar al cerdo para elaborar productos como el jamón y los embutidos para consumo doméstico. El día de San Martín, cuya fiesta es el 11 de noviembre, señala el principio de la matanza, de ahí el refrán "A todo cerdo le llega su San Martín", expresión que significa que quien ha hecho algo malo con el tiempo recibirá su castigo o su merecido. La matanza no se generaliza hasta el día de San Andrés, que es a finales de noviembre, es decir, cuando hace el frío necesario que requiere la matanza. Para esta fecha, también existe otro refrán "Por San Andrés, mata tu res".

La tradición de la matanza del cerdo está muy relacionada con la religión y la mitología. Por ejemplo, antiguamente, se sacrificaban lechones, que se troceaban y se mezclaban con una especie de tortas de trigo que se esparcían por los campos para fertilizarlos con la esperanza de recibir una buena cosecha.

En España, durante siglos, convivieron tres culturas: la cristiana, la judía y la musulmana. Para los judíos y musulmanes, el consumo de cerdo no está permitido. Al cerdo se le designa también con la palabra *marrano*, que procede del árabe "muharram" y que significa cosa prohibida o maldita.

En el mundo rural, la matanza del cerdo era el recurso que abastecía de alimentos la despensa para pasar el invierno, sobre todo en aquellos lugares en los que la climatología impedía el acceso a localidades más grandes para abastecerse. La ruptura del aislamiento de los pueblos, el despoblamiento rural por la migración a las ciudades en busca de trabajo y el mejor acceso a los alimentos perecederos, incluso en las épocas más frías del invierno, han sido algunos de los motivos por los cuales estas matanzas o rituales han perdido su objetivo inicial de abastecimiento. Hoy en día, esta tradición se ha convertido, en algunos casos, en atractivo turístico-gastronómico. Una actividad que, desde 1995 y por Real Decreto, quedó regulada para garantizar la protección de los animales y la seguridad alimentaria de los productos obtenidos.

4.2.1. 👥🗨️ **Di si las informaciones son correctas y justifica en el texto tu respuesta.**

	Verdadero	Falso
1. "A todo cerdo le llega su San Martín" significa que el día de San Martín se sacrifica a todos los cerdos de España.	☐	☐
2. La matanza se puede realizar en cualquier época del año.	☐	☐
3. La matanza consiste en sacrificar al cerdo para luego vender su carne.	☐	☐
4. El término "marrano" viene del árabe.	☐	☐
5. En su origen, la matanza del cerdo servía para proveerse de alimentos durante el año.	☐	☐
6. La matanza del cerdo es una tradición que se celebra de forma íntima.	☐	☐
7. En España se consume mucha carne de cerdo.	☐	☐
8. El desarrollo de las infraestructuras ha hecho que esta actividad pierda su sentido inicial.	☐	☐

4.3. 👥 📖 **Fíjate en estas fotos de animales y trata de asociar los nombres con las fotos. ¿Qué animales de estos no forman parte de tu dieta? ¿Podrías decirnos en qué culturas se consumen?**

ciervo • caballo • conejo • mono • caracol • serpiente • canguro • ternera • rana

4.3.1. 👥 ◆ **Si en tu país o cultura se consume cerdo, ¿qué partes de este animal se comen? ¿Qué partes has probado y cuáles serías incapaz de comer? Si no, puedes responder a las preguntas con otro animal de consumo habitual.**

4.4. 👤 🎧 **Escucha las siguiente grabación en la que cinco personas cuentan todas las cosas extrañas que han comido en sus diferentes viajes y experiencias. Antes lee las siguientes preguntas.**

[37]

	1.	2.	3.	4.	5.
¿Dónde tuvo lugar la experiencia?					
¿Qué comió?					
¿Le gustó o no?					
¿Qué expresión de opinión utiliza?					

Cuando probamos o experimentamos algo con la comida o bebida, y expresamos opinión sobre la sensación que tenemos de lo probado, utilizamos:

- *Estar* + adjetivo o expresión:
  - *Está rico/estupendo/de rechupete/buenísimo/para chuparse los dedos/asqueroso/malo...*

Otras expresiones de opinión:

- Si se refiere a un momento presente:
  - *Tiene buena/mala pinta.*
  - *Esto no hay quien se lo coma.*

- Si se refiere a una experiencia del pasado:
  - *Aquello no había quien se lo comiera.*

4.4.1. 👤 ✏️ **Lee esta lista de expresiones relacionadas con los sabores y sensaciones y asocia cada expresión con las situaciones que te presentamos.**

1 Mi madre siempre cocina con poca sal, su comida siempre... •
2 ¡Uff!, esto lleva demasiado limón... •
3 ¿Cuántas cucharillas de azúcar le has echado a mi café?... •
4 Oye mamá, este yogur está caducado... •
5 La sopa está en la mesa desde hace 10 minutos... •
6 ¡Tío!, te has pasado con la sal, esto no hay quien lo coma... •
7 He puesto la leche en el microondas 8 minutos y claro... •
8 Ponle otra cucharadita de azúcar al té... •

- a Está dulce
- b Está ácido
- c Está salado
- d Está sosa
- e Está amargo
- f Está fría
- g Está ardiendo
- h Está agrio

4.4.2. 🗣️ **¿Qué es lo peor que has tenido que comer en tu vida? Describe el plato, las circunstancias en que te encontrabas y cómo resolviste la situación.**

Ejemplo: *Pues yo, una vez, estaba en casa de unos amigos de mis padres con los que no tenía ninguna confianza y me pusieron de comer un pastel de salmón. Yo odio el pescado y aquello tenía una pinta vomitiva. No sabía qué hacer, me encontraba en un callejón sin salida. Así que me lo comí sin masticar ni respirar para notar lo menos posible el sabor. Lo pasé fatal, de verdad. Todavía me entran sudores cuando lo cuento...*

1. **Relaciona los siguientes utensilios de cocina con los verbos de la columna de la derecha.**

1 Sartén •		• a Asar	
2 Cazuela •		• b Pelar	
3 Horno •		• c Escurrir	
4 Cuchillo •		• d Cocer	
5 Escurridor •		• e Freír	

2. **Escribe tres expresiones de sentimiento positivas, tres negativas y tres relacionadas con partes del cuerpo que hayas aprendido en esta unidad.**

Me gusta/me encanta	No me gusta/odio	Me toca las narices

3. **A veces, para recordar las formas de los verbos es bueno tener un truco, ¿recuerdas alguno? Escríbelo y pon un ejemplo.**

....

....

4. **Marca la opción correcta:**

1. A Mario le encantaría que Beckham
   - ☐ a. le firmo un autógrafo.
   - ☐ b. le haya firmado un autógrafo.
   - ☐ c. le firmase un autógrafo.

2. Lo que nunca soporto de ti es que
   - ☐ a. mintieres.
   - ☐ b. me mientas.
   - ☐ c. hayas mentido.

3. Aquel día me molestó muchísimo que
   - ☐ a. llegarás tarde.
   - ☐ b. hayas llegado tarde.
   - ☐ c. llegaras tarde.

4. Hijo mío, me ha sorprendido verdaderamente que
   - ☐ a. has aprobado el examen.
   - ☐ b. hayas aprobado el examen / apruebes el examen.
   - ☐ c. hubieras aprobado el examen.

5. **Coloca las siguientes expresiones en su lugar y en la forma correcta:**

comer como un pajarito • ponerse como el quico • oler que apesta • tener un estómago sin fondo

Según Victoria Adams –la mujer de Beckham–, España no tiene suficiente *glamour* porque dice que **(1)** .... a ajo. De todas formas, no le debe gustar mucho nuestra gastronomía, está demasiado delgada, por lo que se intuye que la chica glamurosa **(2)** .... Nosotros, los españoles, pensamos que si alguien nos visita está obligado a **(3)** .... de tapas porque, al fin y al cabo, esta es una de nuestras señas de identidad. Para aquellos que **(4)** ...., este es un buen lugar para satisfacerlo.

Unidad 11

Machupichu, Bolivia, Perú

Contenidos funcionales
- Contrastar opiniones
- Opinar teniendo en cuenta si la información es conocida o desconocida por el interlocutor
- Intentar convencer a alguien
- Exponer las razones de algo
- Dar la razón a alguien
- Decir a alguien que está equivocado
- Decir a alguien que está en lo cierto

Contenidos gramaticales
- Oraciones subordinadas concesivas: *aunque* con indicativo y con subjuntivo
- Estructuras reduplicativas con subjuntivo

Contenidos léxicos
- Léxico relacionado con los deportes

Contenidos culturales
- Bolivia
- El fútbol

1 El que no arriesga
no gana

1.1. ¿Con qué relacionas los siguientes logotipos y símbolos?

1.1.1. Imagina que puedes ir a uno de estos eventos gratis, ¿cuál elegirías y por qué?

1.1.2. De los deportes que conoces, ¿cuáles asocias con las siguientes palabras?

> negocio • violencia • relax • individualidad • rivalidad

1.2. Relaciona los grupos de palabras con su icono deportivo correspondiente.

- **a** Cuerda, mosquetón, plumífero con forro polar, pasamontañas, alpinista, escalador...
- **b** Mono azul, chirucas, piolet, casco, espeleólogo...
- **c** Paracaídas, gafas, paracaidista, guantes, avioneta...
- **d** Caña, cebo, botas de agua, anzuelo, sedal, pescador...
- **e** Esquís, bastones, botas de *après-ski*, plumas o anorak, esquiador...
- **f** Botas de montar, montura, estribo, riendas, jinete...
- **g** Frenos, manillar, sillín, cadena, cambios, ciclista...
- **h** Remos, barca hinchable, salvavidas, piragua, piragüista...
- **i** Mochila, brújula, bastón, mapa, senderista...
- **j** Mapa, brújula, tarjeta de control, zapatillas deportivas, cronómetro...

1.2.1. De la siguiente lista, marca los deportes que has practicado alguna vez; compara tu lista con la de tu compañero.

Paracaidismo	Hípica	Polo	Ala delta
Esgrima	Motociclismo	Automovilismo	Balonmano
Ultraligero	Alpinismo	Natación	Patinaje
Rugby	Escalada	Buceo	Espeleología
Boxeo	Submarinismo	Baloncesto	Gimnasia rítmica
Judo	Vela	*Windsurf*	Esquí acuático
Parapente	Tenis	Pesca submarina	Fútbol
Halterofilia	Senderismo	Balonvolea	Lucha grecorromana
Esquí	Ciclismo	Vuelo sin motor	*Rafting*

1.2.2. Ahora, señala con una **R** cuáles te parecen que pueden ser de Riesgo; con una **T**, los que se practican en Tierra; con **AG**, los de Agua; con una **A**, los de Aire; con una **V**, los que requieren un Vehículo y con **AN**, un Animal.

1.3. [38] Escucha este programa de radio al que llaman algunos oyentes para opinar: un preparador físico, un señor mayor, una madre y una profesora de gimnasia. ¿De qué hablan?

1.3.1. [38] Vuelve a escuchar, pero lee antes estas afirmaciones sobre lo que han dicho estos oyentes; si no estás de acuerdo, rectifica o matiza.

	Verdadero	Falso
1. Todos están de acuerdo en que cualquiera puede hacer todo tipo de deportes, de aire, de agua, etc.	☐	☐
2. El hombre mayor solamente dejaría de practicar deportes si los médicos se lo aconsejaran.	☐	☐
3. Todos opinan que los deportes de riesgo están de moda últimamente.	☐	☐
4. La profesora de gimnasia apuesta por los deportes de grupo.	☐	☐

1.3.2. ¿Y vosotros? ¿Creéis que hay un deporte para cada edad? ¿Habéis dejado de practicar deportes que antes sí hacíais? ¿Por qué? ¿Hay deportes de moda?

1.3.3. Aquí tienes algunas opiniones reformuladas de los oyentes. Marca quién las dijo:

a. el preparador físico **b.** el señor mayor **c.** la madre **d.** la profesora de gimnasia

1. ☐ Es curioso, mi marido practica ala delta y, sin embargo, a mí me dan miedo esos deportes.

2. ☐ Estoy de acuerdo en que hagan cursos, pero creo que hay que tener una buena preparación.

3. ☐ Sé perfectamente que esos deportes están de moda, pero eso no cambia mi opinión, no son adecuados para los niños.

4. ☐ Soy consciente de mi edad, no obstante, me siento muy bien.

5. ☐ Tengo muy claro que en ningún caso lo haría, incluso si me lo dijeran los médicos.

6. ☐ Todos sabemos que últimamente se está promocionando otro tipo de deportes, más caros y peligrosos; a pesar de estas promociones, yo sigo pensando que son mucho mejor para ellos los deportes de grupo, con pelota.

1.3.4. Localiza en la transcripción las frases literales de las opiniones anteriores. ¿Qué nexo tienen en común? Clasifica estas opiniones en uno de estos dos cuadros, según proporcionen una información desconocida para el interlocutor, o una información conocida o que se presupone conocida.

Información desconocida

Información conocida

1.3.5. 👤✏️ **Completa el cuadro.**

A veces, cuando queremos dar una opinión, tenemos en cuenta otra idea u opinión que nuestro interlocutor conoce o desconoce. Estas ideas ofrecen un contraste que marcamos con *aunque*.

– *Aunque tengo 65 años, siento que mi cuerpo está muy ágil.*

↳ El tener 65 años contrasta con el hecho de tener un cuerpo ágil.

Fíjate que con este tipo de oraciones el modo cambia:

1. Cuando *aunque* introduce una información nueva de la que el hablante informa al oyente, el verbo va en _____.
– _____

2. Cuando *aunque* introduce una información que el oyente ya conoce, presuponemos que conoce o no informamos de ello, sino que nos servimos de dicha información para opinar, el verbo va en _____.
– _____

3. Cuando, además del contraste, queremos marcar que rechazamos la idea porque la encontramos muy difícil de realizar o creer, o porque simplemente no sirve como argumento para cambiar de opinión, entonces se usa *aunque* + verbo en _____ de subjuntivo.
– _____

🔍 Al igual que *aunque*, *a pesar de que*, *pese a que* o *por más que* pueden ir con indicativo o con subjuntivo. *A pesar de que* y *pese a que* son expresiones concesivas de registro formal, y *por más que* añade un matiz de insistencia:

– *Por más que le digo que no entiendo estos ejercicios, no me los explica.*

1.4. 👤🎧 **Escucha lo que le ocurrió al paracaidista Antonio Martínez en lo que él consi-**
[39] **deraba el salto de su vida.**

1.4.1. 👥✏️ **Imagina, ahora, que eres el paracaidista. ¿Qué información nueva has dado a los compañeros de lo que te ha pasado? ¿Cómo crees que estos han reaccionado cuando les has contado tu odisea? Para ello, has de elegir en cada caso la opción correcta.**

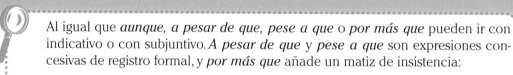

▶ *Por más que **he/haya** tirado de la seta de apertura del paracaídas, esta no se ha desplegado.*

▷ *Es que aunque **has/hayas** tirado de la seta de apertura del paracaídas, lo has hecho prematuramente, a los ocho segundos. Es lógico que no se te haya abierto.*

▶ *Luego, pese a que me **he/haya** acercado a gran velocidad a la montaña, solo me he golpeado un poco con los pies en la roca.*

▷ *Menuda suerte, tío, porque, aunque te **has/hayas** acercado a gran velocidad a la montaña, has conseguido aferrarte a una rama...*

▶ *Exacto. Y menos mal porque, en ese momento, aunque **he/haya** conseguido detener la caída, me he desprendido del paracaídas.*

▷ *Es que, a pesar de que te **has/hayas** desprendido del paracaídas, ya estabas a salvo.*

▶ *Pero lo más emocionante viene ahora porque, en realidad, la rama no era muy sólida y entonces he visto una cornisa de unos 20 cm y aunque **era/fuera** demasiado pequeña, he podido trepar hasta ella.*

▷ *¡Has vuelto a nacer, tío! Porque, aunque la cornisa **era/fuera** minúscula, has podido mantenerte en ella hasta la llegada del equipo de rescate, ocho horas después.*

1.5. 👤 🎧 Cuatro personas hablan de deportes que quieren practicar y de las dificultades
[40] que tienen, pero sus amigos les quitan importancia a esas dificultades. Completa
el cuadro con las dificultades que plantean y las soluciones que les proponen.

	Dificultades	*Soluciones*
1.		
2.		
3.		
4.		

1.6. 👤 📖 Observa los siguientes cuadros:

- **Intentar convencer a alguien:**
  1. No es que quiera convencerte, pero...
  2. Aunque tú digas..., yo te digo que....
  3. A pesar de eso, ¿no crees que...?
  4. Bueno, ¿y si lo miramos desde otro ángulo?
  5.
  6.
  7.

- **Expresar las razones de algo:**
  1. Como que...
  2. Me baso en....
  3. Deja que te explique...
  4. La cosa va así, mira,...
  5.
  6.
  7.

- **Dar la razón a alguien:**
  1. Sí, ahora que lo pienso, lo que dice es cierto.
  2. Sí, me había olvidado de esto.
  3. ¡Bueno!, me pongo de tu parte.
  4. Me has convencido plenamente.
  5.
  6.
  7.

- **Decir a alguien que está equivocado:**
  1. Vas fresco.
  2. Estás arreglado.
  3. Tengo la impresión de que estás equivocado.
  4. Eso que dices es una aberración.
  5.
  6.
  7.

- **Decir a alguien que está en lo cierto:**
  1. Has dado en el blanco.
  2. Me temo que estás en lo cierto.
  3. Lo que has dicho es indiscutible.
  4. Lo que has dicho no es ninguna tontería.
  5.
  6.
  7.

1.6.1. 👤 ✏️ **Ahora, colocad las siguientes expresiones en los cuadros anteriores.**

a. ¿Que por qué? Pues, mira, por el simple hecho de que...

b. Sí, pero desde otro punto de vista...

c. ¡Qué ojo clínico tienes!

d. Me parece que te has hecho un lío.

e. Perdona, no había caído en eso.

f. Voy a exponerte una a una las razones por las que...

g. Por favor, fíjate en...

h. Sí, esto se me había pasado por alto.

i. No digas más burradas.

j. Ahora has puesto el dedo en la llaga.

k. Te puedo dar mil razones por las que creo que tú debes...

l. Has dado en el quid.

m. Estos son los pros y los contras que he sopesado...

n. ¡Claro, hombre, eso es de cajón!

ñ. Te equivocas de medio a medio.

1.6.2. 👨‍👩‍👧 🗨️ **En grupos de cuatro, cada estudiante tiene una tarjeta y elige un deporte para practicar durante el fin de semana. Luego, usando los exponentes del cuadro anterior, intenta convencer a los demás de que su actividad es la mejor.**

alumno a

- **PESCA**
  Dado que el territorio de la Comunidad de Madrid está surcado por una gran cantidad de ríos y embalses, practicar la pesca puede resultar una actividad llena de satisfacciones. Tan solo es necesario proveerse de la correspondiente licencia de pesca. Las especies más abundantes son la trucha común, la trucha arco iris, el barbo, la boga, la carpa...

- **RUTAS A CABALLO**
  Pasear a caballo es una de las formas más gratas de contemplar la naturaleza. La región de Madrid ofrece numerosas cuadras y picaderos ubicados en sitios de interés histórico, paisajístico y medioambiental. Las rutas pueden ser por horas, de media jornada o de jornada entera.

- **GLOBOS AEROSTÁTICOS**
  Aunque hay que conocer el manejo del aparato para volar en globo, el "bautismo de vuelo" acompañado por piloto durante las 2 horas que suele durar la carga de gas cuesta unos 180 € y los cursos de piloto (16 horas), suponen unos 3000 €. Los precios para ascensiones en globo cautivo oscilan entre los 12 € y 18 € para grupos.

- *RAFTING*
  Es el descenso de aguas bravas realizado mediante lanchas hinchables, aunque patroneado por un instructor que las dirige en la corriente del cauce apoyándose en el ritmo y velocidad de paleo que imprimen los participantes.

alumno b

- **PARACAIDISMO**
  Más que una caída, el descenso se experimenta como un vuelo en el que, a unos 200 km por hora, podemos movernos libremente, solos o junto a otros saltadores. Para empezar, se proponen minicursos de salto automático a mil metros de altura con un coste aproximado de 120 €. El curso completo de caída libre cuesta unos 800 € y consta de, al menos, 20 saltos de formación permanente e individualizada.

- **SENDERISMO**
  En este curso te deleitarás con buenas vistas de la sierra madrileña, además de hacer nuevas amistades mientras haces deporte caminando. Para los no iniciados, proponemos rutas cómodas circulares, es decir, con regreso al punto de partida. El trayecto es de 8 kilómetros y dura unas 3 ó 4 horas.

- **BICICLETA**
  Te proponemos 24 rutas diferentes de invierno, primavera, verano y otoño, ya que algunas de ellas son impracticables, según la época.

- **PIRAGÜISMO**
  Navegar en grupo o realizar descensos de largo recorrido con la fuerza impulsora de los remos es un método excepcional para viajar por aguas bravas o tranquilas de ríos o embalses y contemplar un nuevo escenario de la naturaleza dentro de la comunidad madrileña.

alumno c

- ### WINDSURF
  Se organizan cursos de aprendizaje y de perfeccionamiento, y también se programan estancias de una o más noches con posibilidad de combinar el *windsurf* con otras actividades en el idílico embalse de Cervera de Buitrago.

- ### BICICLETA
  Te proponemos diversas rutas según la época en que las vayas a realizar, ya que algunas de ellas son impracticables por la nieve en invierno o el calor en verano.

- ### ESCALADA
  Consiste en ascender una pared rocosa y descender rapelando libremente o auxiliado por medios artificiales, usando utillajes y cuerdas de seguridad. Estas técnicas permiten superar todo tipo de pendientes y paredes verticales.

- ### ESPELEOLOGÍA
  La Cueva del Reguerillo posee las condiciones idóneas para iniciarse en el mundo de la espeleología. La aventura, el deporte y la historia nos esperan entre las espectaculares formas calizas que componen el paisaje de esta magnífica cavidad, aunque es recomendable, si no se es espeleólogo, contratar los servicios de guías.

alumno d

- ### VELA LIGERA
  Navegar a vela es una actividad apasionante y, a veces, descansada, llena de vivencias sobre el agua; aunque navegar en un embalse cerrado, ya sea en vela ligera, crucero o tabla, requiere unos conocimientos de la zona y una atención especial. El viento cambia permanentemente de dirección y rola al encajonarse entre las colinas que encierran el lago, por eso, requiere mayor destreza y concentración.

- ### ESQUÍ
  Aunque nunca hayas esquiado, nosotros te proporcionamos monitores y equipamiento para que disfrutes de un inigualable fin de semana en un marco de gran belleza en la sierra de Guadarrama a 1860 metros de altitud, divisando las provincias de Madrid y Segovia en la estación de Valdesquí.

- ### ORIENTACIÓN
  Consiste en una carrera competitiva pedestre donde el objetivo es seleccionar en el menor tiempo posible la mejor ruta para encontrar diferentes puntos ubicados en: un bosque, una montaña, un río, un lago, un pueblo o una ciudad. Se necesitan, además de intuición e inteligencia, un mapa, una brújula y una tarjeta.

- ### PARAPENTE
  Para practicar el vuelo libre en parapente, lo mismo que en ala delta, hay que aprovechar la fuerza del viento y la térmica, para volar, ascender, planear, hacer acrobacias y aterrizar, aunque conviene contactar con las escuelas para aprender previamente las técnicas de vuelo. El curso de piloto cuesta entre 270 € y 300 € y se desarrolla durante dos o tres fines de semana seguidos, hasta completar el número obligatorio de saltos y vuelos.

Información extraída de http://deporsierramadrid.iespana.es/deporsierramadrid/

2 Cueste lo que cueste

2.1. 👥 ✏️ **Ya decían los antiguos:** *Mens sana in corpore sano*. **La práctica de deportes viene de lejos aunque algunos sean modernos. Con tu compañero, trata de hacer una lista de deportes antiguos o tradicionales y otra de modernos.**

2.1.1. 👤 ✏️ **Ahora, empareja estos deportes con su definición y escribe su nombre en las casillas que hay más abajo. ¡Te llevarás sorpresas!**

1. ☐ Deporte basado en un juego que practicaban los antiguos griegos llamado "sphairistiké" (jugando con bola). ———————————— ☐☐☐☐☐

2. ☐ Deporte que no existía en los Juegos Olímpicos de la antigüedad y que fue incluido en los primeros, celebrados en Atenas, en 1896. ———— ☐☐☐☐☐☐☐

3. ☐ Deporte practicado por las clases privilegiadas del antiguo Egipto en el Nilo y que, en la actualidad, se practica en todo el mundo. ———————— ☐☐☐☐

4. ☐ Deporte que en su origen combinaba propósitos de exploración e investigación. Comenzó como deporte de riesgo en el siglo XVIII. ——— ☐☐☐☐☐☐☐☐☐

5. ☐ Deporte que tiene sus orígenes en uno practicado por los antiguos romanos, utilizando una bola de plumas y que, tal como se conoce hoy, deriva de otro jugado por los escoceses en los siglos XIV y XV. ——————————— ☐☐☐☐

2.2. 👤 ✏️ **¿Qué relacionas con la palabra "montaña"? Tienes cinco minutos para anotar todo lo que te venga a la mente.**

Aconcagua

Altitud: 6959 metros.

Ubicación: Argentina, Andes Centrales, a 200 km de Santiago de Chile.

Aconcagua es la cumbre más alta de la Cordillera de los Andes.
Su nombre proviene del quechua, y significa "Centinela de piedra". Fue explorado inicialmente por los incas como parte de sus ritos.

2.2.1. Según la definición de 2.1.1., el montañismo es un deporte de riesgo que combina propósitos de exploración e investigación. ¿Qué personalidad crees que hay que tener para practicar este deporte y subir, por ejemplo, un *ochomil*? ¿Basta con una buena preparación física? Comenta con tu compañero qué requisitos físicos y psíquicos debe reunir alguien que quiera hacer montañismo.

2.2.2. Vas a escuchar una entrevista que le hicieron a Andrés Delgado, un polémico alpinista mexicano especialista en *ochomiles*. Anota todo lo referente a su personalidad y modo de actuar.

[41]

PERSONALIDAD:

MODO DE ACTUAR:

2.2.3. Vuelve a escuchar y verifica si estas afirmaciones son correctas. Justifica tus respuestas.

[41]

	Verdadero	Falso
1. La mala experiencia que tuvo en el ascenso al Everest, *se debiera a lo que se debiera,* le aportó un crecimiento como montañista.	☐	☐
2. *Digan lo que digan,* él escala por dinero, ya que es imprescindible para vivir.	☐	☐
3. Él siempre ha intentado escalar, *costara lo que costara,* incluso después del incidente que tuvo subiendo el Everest.	☐	☐
4. A los alpinistas jóvenes les recomienda que, *pase lo que pase,* en su carrera de alpinismo actúen con frialdad y saquen el mayor beneficio posible.	☐	☐

2.2.4. 👤 ✏️ **En las afirmaciones anteriores has encontrado construcciones verbales repetitivas, ¿qué crees que comunican? Interprétalas con tus palabras.**

1. No importa a qué se debió su mala experiencia en el Everest, lo verdaderamente importante es que creció como montañista y como persona.

2. ....
....

3. ....
....

4. ....
....

Con las construcciones repetitivas concesivas los dos elementos de la frase contrastan: se quiere informar de que la parte B de la frase va a proceder con indiferencia al impedimento o a la objeción que se plantea en la parte A.

Mires hacia donde mires, verás que la vida es bella si la miras con libertad.
       Parte A   Parte B

Verbo en subjuntivo + (preposición) + pronombre relativo + mismo verbo repetido en subjuntivo + frase.

2.2.5. 👤 ✏️ **Eres un gran escalador que ha subido varios *ochomiles*. Estás tan convencido de todas tus capacidades físicas que, con gran resolución e independencia, reaccionas mal ante las críticas y las objeciones que te hacen los periodistas. Contesta por escrito a esta entrevista que has recibido por e-mail de un periódico de deportes, usando las construcciones repetitivas en tus respuestas a las preguntas que el periodista formula.**

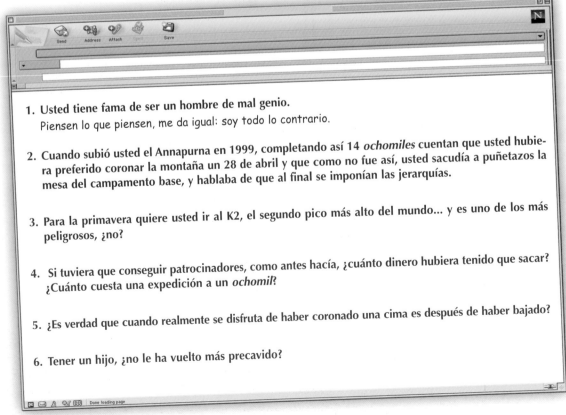

1. Usted tiene fama de ser un hombre de mal genio.
 Piensen lo que piensen, me da igual: soy todo lo contrario.

2. Cuando subió usted el Annapurna en 1999, completando así 14 *ochomiles* cuentan que usted hubiera preferido coronar la montaña un 28 de abril y que como no fue así, usted sacudía a puñetazos la mesa del campamento base, y hablaba de que al final se imponían las jerarquías.

3. Para la primavera quiere usted ir al K2, el segundo pico más alto del mundo... y es uno de los más peligrosos, ¿no?

4. Si tuviera que conseguir patrocinadores, como antes hacía, ¿cuánto dinero hubiera tenido que sacar? ¿Cuánto cuesta una expedición a un *ochomil*?

5. ¿Es verdad que cuando realmente se disfruta de haber coronado una cima es después de haber bajado?

6. Tener un hijo, ¿no le ha vuelto más precavido?

Entrevista adaptada de El País realizada al escalador Juanito Oiarzabal

2.3. Pero un alpinista sube para luego bajar y regresar a su lugar de origen; sin embargo, hay mucha gente cuyo hogar es la propia montaña. ¿Crees que hay diferencia de carácter entre las personas que viven cerca del mar y las que viven en la montaña?

2.3.1. Bolivia es un país de montaña. Debido al aislamiento, se han podido mantener muchas de las costumbres ancestrales de su pueblo. Lee este escrito de un periodista que vivió en directo una de estas costumbres.

Durante el mes de noviembre, el colonial pueblo de Totora se transforma en una colorida fiesta, donde cientos de personas llevan a cabo la celebración de los columpios de San Andrés, quizás la tradición más original de Bolivia. Una vez al año, los habitantes del poblado se reúnen para despedir las almas de sus deudos que han bajado desde las montañas y para festejar la juventud de las mujeres que buscan novio. Para ello, disponen gigantescos columpios en las calles adoquinadas, los adornan y se lanzan a festejar por varios días.

Dentro del bus en que viajo, me acompañan innumerables campesinas de llamativa vestimenta; hablan entre ellas en quechua y, aunque puedo distinguir algunas palabras, el paisaje por la ventanilla distrae mi atención. De colorido ocre, con sus pequeñas casas de barro regadas por lomajes, irremediablemente me evocan los parajes de Chile central. Abruptamente, mi mente regresa a Bolivia ya que el camino por donde corre nuestro micro se transforma en una rústica senda adoquinada, haciendo brincar a los ocupantes de un lado a otro.

Después de cinco traqueteadas horas desde Cochabamba, arribamos con la luz del ocaso a Totora, pequeño poblado conocido por su arquitectura colonial. Al bajarme, camino por una angosta calle donde encuentro sentada en su pequeño almacén a la señora Olimpia Alba. Afortunadamente, domina el español y me comenta: "Ahora estamos de fiesta y ha llegado justo para la celebración de los columpios de nuestro San Andrés".

Casi sin darme cuenta, me había internado en las montañas en busca de imágenes y había llegado increíblemente al lugar indicado. Una gran fiesta me esperaba.

Pero una pregunta más a la señora Olimpia era vital: "¿Qué ha pasado con las casas?". "Fue el terremoto de 1998", dijo. A juzgar por la expresión de su rostro, era evidente que no quería tocar el tema.

Subo por un angosto camino que conduce al cementerio, desde donde obtengo una buena panorámica del poblado y su asimétrica arquitectura. A distancia, veo grandes varas que sobresalen de los techos. No son los soportes de las casonas, sino los columpios que durante todo noviembre mecen las creencias ancestrales de los totoreños.

Cuenta la tradición que el día 2 de noviembre bajan las almas de los muertos desde lo alto de la montaña o *hanacpacha* (cielo o mundo de arriba). Luego, durante todo el mes, se efectúan los balanceos en los columpios para ayudar a los espíritus, cansados de vagar en el mundo de los vivos, a regresar a sus moradas celestiales. Para esto, las varas son adornadas con cintas, banderas y serpentinas para que las almas se alejen alegres y con buen recuerdo del poblado y sus descendientes.

Desde las montañas, han llegado numerosas mujeres cargando a sus bebés en sus espaldas para ver a las "mujeres voladoras". Como dice Belisario Rioja, un ornitólogo que regresa año tras año para disfrutar de la fiesta, "las mujeres jóvenes y algunas que no han tenido suerte en el amor, se columpian con la creencia, y por qué no decirlo, con la certeza de que, al alcanzar un canasto con los pies, obtendrán un novio. En el interior (del canasto) los familiares introducen pequeños obsequios, que simbolizan la llegada de las lluvias, buenas cosechas y fertilidad".

Mientras, dos robustos "empujadores" tiran de dos líneas hechas de cuero, que amarradas al asiento del columpio impulsan fuertemente a las muchachas por el aire, casi haciéndolas tocar el firmamento. "¡Flor que flamea, flor que flamea...!" gritan mientras vuelan por el cielo andino.

El sol cae en Totora y las mujeres ya han ayudado a sus deudos a regresar a la *hanacpacha*. Lentamente, los canastos van desapareciendo en las manos de sus felices dueñas, que observan la suerte de sus compañeras o simplemente se pierden en las callejuelas sacudiéndose las serpentinas de la espalda, quizás para encontrarse con sus anhelados pretendientes.

2.3.2. 👤✏️ **El relato del periodista es demasiado largo. Trabajas en una revista de viajes y te han encargado que lo resumas en diez líneas. Cuenta lo que crees que interesa a los lectores de esa revista.**

_____
_____
_____
_____
_____
_____
_____

2.3.3. 👤📑 **Señala en el texto con rojo las palabras que no conozcas. No mires el diccionario.**

_____
_____
_____

2.3.4. 👤📑 **Ahora, señala con azul palabras que hagan referencia al paisaje de montaña. ¿Son las mismas que las de tu compañero?**

2.3.5. 👥🗨️ **De las palabras en rojo que habéis señalado, ¿hay alguna que pueda hacer referencia al paisaje?, ¿qué puede significar? Aventurad una definición y, después, verificadla en el diccionario.**

🔍 Aunque un texto, aparentemente, resulte difícil por el significado opaco de muchas de sus palabras, pocas veces estas palabras te impedirán la comprensión global de lo que has leído. Para disfrutar leyendo, concéntrate en lo que el texto te comunica en general y no te obsesiones con aquellas palabras que no entiendas. Cuanto más leas en español, más transparentes te parecerán esas palabras.

2.3.6. 👤✏️ **Revisa tu trabajo de 2.3.2. Ahora que conoces el significado de algunas palabras más, ¿cambiarías algo del resumen?**

3 La copa
de la vida
■■■■■■■■■■■■■■■■■■■■■■■■■■■■■■■■■■■■■■

3.1. 👥🗨️ **Coge un papel y responde por escrito, rápido, sin pensar, a la siguiente pregunta:** _Si tienes que pensar en un deporte de masas, un deporte que mueve grandes cantidades de dinero, ¿en cuál piensas?_ **¿Qué deporte ha salido? ¿Te ha sorprendido el resultado?**

3.1.1. 👥🗨️ **Haz una lista de palabras relacionadas con acciones bélicas; piensa en un torneo medieval entre caballeros.**

Luchar
....
....
....

3.1.2. 👤 📓 **Ahora, lee la letra de esta canción de Ricky Martin, inspirada en un partido de fútbol.**

**R
I
C
K
Y
M
A
R
T
I
N**

- La copa de la vida -

La vida es pura pasión.
Hay que llenar copa de amor.
Para vivir hay que luchar.
Un corazón para ganar.

Como Caín y Abel,
es un partido cruel.
Tienes que pelear por una estrella.

ESTRIBILLO
Consigue con honor.
la copa del amor.
Para sobrevivir y luchar por ella,
luchar por ella, sí,
luchar por ella, sí.

Tú y yo, ale, ale, ale.
Go, go, gol, ale, ale, ale.
¡Arriba va! El mundo está de pie.
Go, go, gol, ale, ale, ale.

La vida es competición.
Hay que soñar ser campeón.
La copa es la bendición.
La ganarás. Go, go, gol.

Tu instinto natural,
vencer a tu rival.
Tienes que pelear
por una estrella.

ESTRIBILLO

3.1.3. 👫 📇 **Según esta canción, ¿qué similitudes léxicas hay entre un torneo medieval y un partido de fútbol? En vuestra lengua, al hablar de fútbol, ¿qué tipo de palabras se usan? Buscad en periódicos deportivos y señalad palabras que tengan que ver con lo bélico.**

3.2. 👤 🎧
[42] **Vas a escuchar a una serie de personas que opinan sobre el fútbol. Pon una ✗ según den una opinión favorable, desfavorable o les dé igual.**

	1	2	3	4	5	6	7	8	9	10	11	12	13	14
Favorable	☐	☐	☐	☐	☐	☐	☐	☐	☐	☐	☐	☐	☐	☐
Desfavorable	☐	☐	☐	☐	☐	☐	☐	☐	☐	☐	☐	☐	☐	☐
Le da igual	☐	☐	☐	☐	☐	☐	☐	☐	☐	☐	☐	☐	☐	☐

3.3. 👤 📓 **Lee este artículo.**

Francia es seguramente, entre los países europeos, el menos apasionado por el fútbol. Posee excelentes jugadores; sin embargo, cuando se inauguró el Mundial del 2002, más de un comentarista extranjero destacó la falta de interés, el aparente desdén olímpico e intelectual que mostraba el pueblo francés hacia el mayor acontecimiento deportivo del planeta.

Pero Francia llegó a la final, y ganó al derrotar a Brasil por 3-0. Y las calles de París presenciaron una noche de celebraciones de una intensidad tan desenfrenada como no se había visto desde que los Aliados liberaron la ciudad, en 1944.

Ese dato nos indica algo que ya sabíamos, pero en lo que no nos habíamos parado a pensar. Que una victoria bélica es la única cosa capaz de provocar la emoción de las masas en mayor medida, o por lo menos igual, que el fútbol.

Nick Hornby, londinense e hincha del Arsenal, ha escrito un libro *Fiebre en las gradas* sobre este tema. Se trata de una versión autobiográfica de la larga historia de amor del autor con su equipo.

He aquí lo que escribe Hornby al intentar analizar el éxtasis que experimentó cuando su equipo ganó la liga gracias a un gol marcado en la última jugada del último partido de la temporada: "¿Cuál puede ser la analogía correcta para un momento así?", pregunta. "Dar a luz debe de ser algo extraordinariamente conmovedor", propone, "pero carece del elemento sorpresa". "¿Que le toque a uno la lotería?". Sí, pero "afecta a una parte de la psique radicalmente distinta, y carece del éxtasis comunitario que se tiene en el fútbol".

La adicción que crea el fútbol satisface múltiples necesidades emocionales elementales: la necesidad de una tensión que se libera inmediatamente después; el instinto tribal, la necesidad que tiene el hombre de identificarse con un grupo más amplio que el formado por amigos y familia; el ansia de héroes; todo ello, además de la oportunidad de compartir, como indica Hornby, una intensidad emocional que la vida corriente no suele ofrecer.

Extracto de un artículo sacado de El País Semanal

3.3.1. 👥💬 **Poneos de acuerdo y elegid un título para este artículo. Si se os ocurre otro, escribidlo y explicad vuestra elección.**

☐ El fútbol: una fuerza irresistible.　☐ El fútbol: el mejor psicólogo.　☐ El fútbol: emoción de masas.

3.3.2. 👥💬 **Elegid del texto una frase que destacaríais como subtítulo y explicad vuestra elección.**

3.3.3. 👤✏️ **El artículo hace una serie de comparaciones para explicarnos el mundo del fútbol; localízalas y danos tu opinión. ¿Crees que es exagerado o responde a la realidad?**

3.4. 👥💬 **Lee estos datos y coméntalos con tu compañero.**

> El número de personas que vieron la final de fútbol del 2002 Francia-Brasil por televisión fue de 2000 millones.

> El periódico más leído en España es MARCA, un diario deportivo.

> El año pasado se vendieron 600 000 camisetas del Real Madrid.

> Cuando Jamaica obtuvo la clasificación para la fase final del Mundial de Francia, el Gobierno de ese país no tardó más que unos instantes en declarar al día siguiente fiesta nacional.

> En un país tradicionalmente loco por el fútbol como Argentina, para el que este deporte ofrece la mayor expresión del orgullo nacional, Diego Maradona sigue y seguirá siendo un héroe tan importante como el legendario libertador, el general San Martín.

> Entre los 16 principales canales de televisión en Europa, 11 declaran que el fútbol genera el mayor número de espectadores.

AUTOEVALUACIÓN　　AUTOEVALUACIÓN　　AUTOEVALUACIÓ

1. ¿Qué dificultades has tenido en esta unidad? ¿Dónde estaba la dificultad? ¿Por qué?
　a. En la gramática ....
　b. En los textos ....
　c. En las actividades de expresión oral...
　d. ....

2. En esta unidad, hemos hablado de deportes tan populares como el fútbol y de otros mucho menos conocidos. ¿Has aprendido el nombre de deportes que no conocías? ¿Cuáles?
　..

> Para comprender mejor un texto, ya sea escrito u oral, haz primero una lectura global sin mirar el diccionario e intenta recoger las ideas principales. Puedes ayudarte subrayando las palabras clave o que tú consideres importantes para su comprensión.

3. Encuentra el intruso. Justifica tu respuesta.

a. ☐ Cuerda	☐ Mosquetón	☐ Paracaídas
b. ☐ Caña	☐ Cebo	☐ Esquíes
c. ☐ Botas de montar	☐ Montura	☐ Manillar
d. ☐ Gafas	☐ Chirucas	☐ Avioneta

4. Anota todas las palabras relacionadas con las anteriores que puedas recordar.
　..

AUTOEVALUACIÓN　　AUTOEVALUACIÓN　　AUTOEVALUACIÓ

Unidad 12

Rano Raraku, isla de Pascua, Chile

Contenidos funcionales
- Dar instrucciones para llevar a cabo una reclamación
- Describir objetos detallando sus características para diferenciarlos de los demás
- Reclamar, expresar indignación, rechazar una propuesta amablemente, expresar finalidad

Contenidos gramaticales
- Oraciones finales
- Transmisión del estilo indirecto al directo

Contenidos léxicos
- Léxico relacionado con los viajes, aeropuerto y equipajes

Contenidos culturales
- Chile
- Literatura: Antonio Muñoz Molina, Luis Sepúlveda
- La polémica entre los términos "castellano" y "español"

1 En martes, ni te cases, ni te embarques

1.1. ¿Sabes qué significa este refrán? En tu cultura, y haciendo referencia a la buena o mala suerte, ¿qué aspectos son importantes a la hora de viajar?

1.1.1. Si vas a viajar, y pensando en los preparativos, ¿cuáles son las cosas que tienes en cuenta? ¿Qué es lo que nunca falta en tu maleta? Coméntalo con tus compañeros.

1.2. Diego hizo un trayecto en avión Barcelona-Madrid, pero su maleta se fue a Cuba, destino final del vuelo que hacía escala en Madrid. Mira la foto de la maleta que llevaba Diego y descríbela. Puedes usar el diccionario.

19,5 kg

1.2.1. En el mostrador de información, Diego consiguió un folleto con los derechos del pasajero, elaborado por AENA (Aeropuertos Españoles y Navegación Aérea).

INCIDENCIAS CON EL EQUIPAJE

- La compañía aérea es responsable del daño o perjuicio que ocasione a los pasajeros y sus pertenencias durante el transporte.

- Es fundamental que en el caso de incidencias con el equipaje facturado (destrucción, pérdida, deterioro o retraso), usted acuda inmediatamente al mostrador de la compañía aérea o su agente "handling" (empresa de asistencia en tierra a las compañías aéreas) para formular por escrito en ese momento la protesta correspondiente, cumplimentando el impreso denominado *Parte de Irregularidad de Equipaje* (PIR), requisito necesario para hacer constar la incidencia ocurrida y para la tramitación por la compañía aérea.

- Si tiene dificultad en localizar el mostrador de la compañía, diríjase al mostrador de información que AENA tiene en cada aeropuerto, donde se le facilitará su localización o se le indicará el procedimiento que debe seguir su reclamación.

- Con independencia de la cumplimentación del PIR, antes de abandonar el aeropuerto, usted dispone de los siguientes **plazos para la presentación de reclamaciones:**

Vuelos nacionales:

- La reclamación por deterioro o retraso del equipaje facturado deberá formalizarse por escrito ante el transportista u obligado, dentro de los diez días siguientes al de la entrega, o a la fecha en que debió entregarse.

- La acción para exigir el pago de las indemnizaciones que pudieran corresponder prescribirá a los seis meses, a contar desde la fecha en que se produjo el daño.

Vuelos internacionales:

- En caso de deterioro en los equipajes, deberá presentar una protesta inmediatamente después de haber notado el daño y, a más tardar, dentro de siete días, a contar desde la fecha de su recepción.

- En caso de retraso en la entrega del equipaje, la protesta deberá hacerse, a más tardar, dentro de los veintiún días, a contar desde el día en que el equipaje haya sido puesto a disposición del pasajero.

- La acción de responsabilidad ante los tribunales deberá iniciarse dentro del plazo de dos años.

Límites de las indemnizaciones

- Vuelos nacionales:

- Las indemnizaciones establecidas por pérdida o deterioro del equipaje facturado o de mano: hasta el límite de 500 derechos especiales de giro[1] (DEG) por unidad / 609,75 euros.

- En el caso de retraso de equipaje facturado: hasta el límite de una cantidad equivalente del precio de transporte.

- Vuelos internacionales:

- Las indemnizaciones establecidas por destrucción, pérdida, deterioro o retraso de equipaje facturado están limitadas a 17 DEG por k / 20,73 euros.
  En el caso de pérdida, deterioro o retraso de una parte del equipaje facturado o de cualquier objeto que este contenga, solamente se tendrá en cuenta el peso total del bulto afectado para determinar el límite de la responsabilidad.

- Para el equipaje de mano, la responsabilidad está limitada a 332 DEG por pasajero / 404,87 euros.
  Si el equipaje facturado o de mano se transporta bajo manifestación de valor declarado, aceptado por la compañía aérea previo pago de una cantidad adicional, si hay lugar a ello, el límite de responsabilidad corresponde a ese valor.

[1] El Derecho Especial de Giro es una unidad definida por el Fondo Monetario Internacional, cuyo valor es la suma de los de determinadas cantidades de varias monedas: dólar USA, euro, yen japonés y libra esterlina. Puede consultar su equivalencia en euros en la página web del Banco de España www.bde.es

18

19

1.2.2. 👤 🔤 **Busca en el texto las palabras que se corresponden con las siguientes definicio-nes. Después, compara tus respuestas con las de tu compañero.**

1. Nombre que reciben la bolsa, maleta, mochila, caja, baúl, etc., usados en transportes o viajes.

|_____| **1.** |

2. Compensación recibida por un daño o perjuicio.

|_____| **2.** |

3. Empeoramiento de un objeto, por su antigüedad o por su mal uso o manejo.

|_____| **3.** |

4. Finalizar, extinguirse un derecho, acción o responsabilidad.

|_____| **4.** |

5. Rellenar con los datos necesarios, en impresos o documentos.

|_____| **5.** |

6. Condición indispensable, sine qua non.

|_____| **6.** |

1.2.3. 👤 ✏️ **Con la información del texto, elabora un esquema con las instrucciones impres-cindibles de lo que se debe hacer para presentar una reclamación en caso de pérdida, deterioro o retraso del equipaje facturado y exigir las indemnizaciones correspondientes.**

Vuelos nacionales   **Vuelos internacionales**

1.2.4. 👤 🎧 **Después de una semana, Diego seguía sin maleta. Escucha la explicación que**
[43] **le da a un amigo de todo lo sucedido y toma notas de cada uno de los movi-mientos que hizo desde que llegó al aeropuerto, sin descuidar con quién habló y qué le dijeron.**

a. ¿Adónde fue?	b. ¿Con quién habló?	c. ¿Qué le dijeron?
1		
2		

Expresar indignación

En la lengua oral, podemos usar los siguientes recursos para expresar indignación:

- **Verbo + subjuntivo**

Formal	Informal	Vulgar
Me molesta	Me fastidia	Me jode
Me parece increíble/patético/indignante...	Me alucina	Me cabrea
	Me repatea	

  – *Me repatea que me digan cada día lo mismo.*

- **Demostrativos pospuestos**

  El tío ese, la chica esta...

  – *Llamé a la compañía por enésima vez pero la tía esa no tiene ni idea.*

- **Estados**

$$\text{Estoy} \begin{cases} \text{harto} \\ \text{de los nervios} \\ \text{hasta} \begin{cases} \text{aquí} \\ \text{las narices, el gorro, el moño, la coronilla} \\ \text{los mismísimos (vulgar)} \end{cases} \\ \text{que} \begin{cases} \text{trino, ardo, muerdo} \\ \text{echo chispas} \end{cases} \end{cases}$$

  Me saca de quicio/de mis casillas
  Me trae de cabeza
  Me lleva por el camino de la amargura

  – *No puedo más, estoy que ardo con la situación.*

Cuando estamos indignados, contamos en presente las cosas que nos han sucedido y, también, exageramos. Así revivimos el momento pasado y hacemos la narración más expresiva.

  – *¿Sabes lo que me pasó ayer? Pues, voy al aeropuerto y me dicen que...*

Lo mismo ocurre cuando transmitimos, indignados, las palabras de otro. Sustituimos *decir* por otros verbos mucho más coloquiales:

  Y va el tío/la tía y me suelta que...
  Y me sale con que...
  Y me salta con que...

Estos verbos se usan siempre en presente, aunque hablemos del pasado.

  – *Pues nada, llegué al mostrador y le expliqué la situación a la señorita. Ella me pidió el billete, y yo no lo encontraba, entonces va la tía y me suelta que si no lo tengo, no pueden hacer nada.*

- **Añadir algo negativo a otras informaciones también negativas**

  Y, encima,...
  Y, para colmo/más inri/acabarlo de rematar,...

  – *Me dijeron que tenía que esperar unos días y, encima, no me dieron ningún tipo de indemnización.*

CONTINÚA ····⁝·

- **Para reaccionar con desconcierto ante una situación inesperada**

  Yo flipo/alucino

  Me quedé a cuadros/de piedra

  Casi me da algo/un ataque/un infarto

  Casi me pego un tiro

  – *Casi me da un ataque cuando me dijeron que mis maletas se habían ido a Cuba.*

- **Para rechazar la explicación que nos dan y mostrar desinterés e indiferencia**

  Informal: Me importa un pimiento/un rábano

  Me da igual

  Por mí, como si + indicativo

  Vulgar: Me la refanfinfla/me la suda/me la trae floja

  – *Por mí, como si se quedan sin clientes, me da igual.*

- **Para concluir (cortando)**

  Vamos, ya lo que me faltaba (por oír/saber/ver)   Ya he oído suficiente

  Ya está bien   Adiós, buenos días (irónico)

  Muchas gracias (irónico)

1.2.5. [43] **Vuelve a escuchar y, ahora, presta atención a los elementos lingüísticos que indican que Diego está indignado.**

Expresiones y palabras:

Sinónimos de *decir*:

Conectores:

Exageraciones:

Despedidas:

1.2.6. **Tú eres Diego y tu compañero un responsable del aeropuerto. Con lo que ya sabes y con tu imaginación, reproduce la conversación que mantuvieron. Ten en cuenta que con una persona no fue amable, y con la otra sí.**

1.2.7. **La maleta apareció nueve días después, se la llevaron a su domicilio. ¿Cuáles son los pasos que tiene que seguir Diego ahora? ¿Qué puede obtener de la compañía? Te ayudará el texto de "Incidencias con el equipaje" que has leído antes.**

1.3. **Y vosotros, ¿tenéis alguna anécdota que contar de algo que os haya pasado en algún viaje? Haz todas las preguntas que consideres necesarias mientras tus compañeros explican lo que les ocurrió.**

Lo mío fue con el tren. Estaba en Forlí y tenía que estar en Milán a las 21:25 para coger otro tren para Frankfurt...

Yo me quedé tirada una vez con el coche. Era Navidad, iba a Soria...

2 ¡Qué plantón!

2.1. A la hora de viajar, es muy importante saber elegir a la gente con la que uno va, ya que son muchos los que piensan que es en los viajes cuando realmente se conoce a las personas. Piensa en los pros y los contras de viajar solo, con tu pareja, con tu familia o con tus amigos.

2.2. Rubén quería hacer un viaje por los Países Bajos con tres amigos suyos. Por eso buscó información sobre itinerarios, hoteles, actividades... y les mandó una propuesta muy atractiva. Hoy, Rubén ha abierto su correo y ha leído lo que le escribió ayer su amiga Sonia.

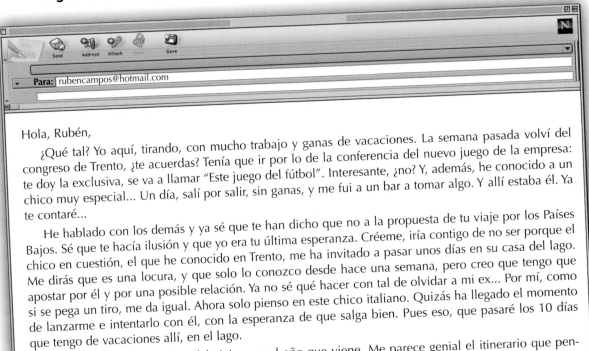

Para: rubencampos@hotmail.com

Hola, Rubén,

¿Qué tal? Yo aquí, tirando, con mucho trabajo y ganas de vacaciones. La semana pasada volví del congreso de Trento, ¿te acuerdas? Tenía que ir por lo de la conferencia del nuevo juego de la empresa: te doy la exclusiva, se va a llamar "Este juego del fútbol". Interesante, ¿no? Y, además, he conocido a un chico muy especial... Un día, salí por salir, sin ganas, y me fui a un bar a tomar algo. Y allí estaba él. Ya te contaré...

He hablado con los demás y ya sé que te han dicho que no a la propuesta de tu viaje por los Países Bajos. Sé que te hacía ilusión y que yo era tu última esperanza. Créeme, iría contigo de no ser porque el chico en cuestión, el que he conocido en Trento, me ha invitado a pasar unos días en su casa del lago. Me dirás que es una locura, y que solo lo conozco desde hace una semana, pero creo que tengo que apostar por él y por una posible relación. Ya no sé qué hacer con tal de olvidar a mi ex... Por mí, como si se pega un tiro, me da igual. Ahora solo pienso en este chico italiano. Quizás ha llegado el momento de lanzarme e intentarlo con él, con la esperanza de que salga bien. Pues eso, que pasaré los 10 días que tengo de vacaciones allí, en el lago.

Podríamos reservar la idea del viaje para el año que viene. Me parece genial el itinerario que pensaste. ¡Escribe una guía, que los de las editoriales se enteren de cómo se hace! No, en serio, que está muy bien.

Bueno, ya me contarás qué viaje haces este verano. Seguro que encontrarás algo interesantísimo que hacer, y luego me moriré de envidia... Un besito y cuídate, Sonia.

2.2.1. El texto anterior es un ejemplo de cómo rechazar una propuesta importante que ha hecho un amigo. Fíjate en la estructura que ha usado Sonia. El texto cuenta con cuatro párrafos. Comenta con tu compañero qué hace Sonia en cada uno de ellos. Después, completa el cuadro que tienes a continuación:

Párrafo 1:

Párrafo 2:_____

Párrafo 3:_____

Dejar la puerta abierta para el futuro. Dejar claro que no se tiene nada personal contra la persona que ha hecho la propuesta o invitación. Hacer cumplidos para dicha persona.

Párrafo 4:_____

¡Fíjate en el espacio que Sonia dedica a justificar su rechazo a viajar con Rubén!

2.2.2. 👥 ✏️ **Además de la estructura del texto, hay que tener en cuenta que, en estos casos, es necesario mucho tacto, ya que podemos herir la sensibilidad de una persona importante para nosotros. Señala las frases que usa Sonia para rechazar indirectamente. Marca también las que utiliza para hacer cumplidos a Rubén.**

Rechazar indirectamente _____ | _Hacer cumplidos_ _____

2.2.3. 👥 ✏️ **Aquí tienes unas situaciones de rechazo. Elige una y escribe un correo con la estructura que has estudiado.**

☐ Un compañero de trabajo y amigo te ha invitado a participar en un congreso. No puedes aceptar porque tienes mucho trabajo, pero él cuenta contigo.

☐ Tu mejor amigo te ha invitado a su fiesta de cumpleaños, pero te has enterado por casualidad de que tu novio/a ha organizado una cena romántica ese día para darte una sorpresa.

☐ Un muy buen amigo tuyo te pide el coche para salir, pero tú no puedes dejárselo.

2.2.4. [icons] **Vuelve a leer el texto de 2.2. y busca ejemplos para completar el siguiente cuadro, donde encontrarás los recursos para expresar finalidad:**

Expresar finalidad

Para hablar de una opinión general (que puede incluir o no la propia opinión), se puede usar:

1. Frase + *para* + infinitivo (+ *que* + subjuntivo)
- *Ha llamado más de seis veces para averiguar información sobre su maleta.*
- *Ayer llamó para que le dijeran algo sobre la maleta.*

- Recuerda: Las oraciones finales nunca pueden ir seguidas de indicativo ni de infinitivo compuesto.

- Para dar énfasis al objetivo, se cambia el orden de la frase y se pone una coma.
  - *Para averiguar información sobre la maleta, llamaré hoy.*

> ¡Ojo! No hay que confundir la estructura anterior con la de réplica negativa del interlocutor, muy similar a la anterior:
> - *Para que lo sepas, no fue así.*
> - *Para que te enteres, no fue así.*

- Estas frases no expresan finalidad, sino indignación con la persona que nos escucha.

Podemos usar otras estructuras para expresar finalidad:

2. *Por* + infinitivo. Se utiliza para expresar que lo que decimos no es la finalidad en sí misma, sino una casualidad o algo no programado.
- *Se apuntó al curso de cerámica por hacer algo más y... ¡ha descubierto su verdadera vocación!*
-

3. *Con tal de* + infinitivo (*de que* + subjuntivo)
- *Con tal de no pagar, son capaces de todo.*
- *Con tal de que se lo den gratis, es capaz de cualquier cosa.*
-

4. *Con* + sustantivo + *de* + infinitivo (*de que* + subjuntivo)
Con la esperanza de... / Con la intención de... / Con el fin de... / Con el propósito de...
- *Tienes que llamar al máximo responsable con el fin de que te ayude de verdad.*
-

5. *En* + sustantivo + *de* + infinitivo
En mi deseo de... / En su afán de...
- *En mi deseo de satisfacerle, le ayudaré en todo lo posible.*

6. *Que* + subjuntivo (después de verbos en imperativo o estructuras de mandato)
- *Llama cada día, que se enteren de qué eres capaz.*
-

2.2.5. [icons] **Relaciona los elementos de estas tres columnas de forma que construyas frases con sentido lógico.**

1 Llamé		**a** ganar más.
2 No te lo dije	que	**b** informarme.
3 Haremos lo que sea	por	**c** hablar, pero en realidad no tiene ni idea.
4 Dile todo lo que piensas	para (que)	**d** te lo tomaras así de mal.
5 Hablaré con ella	con tal de (que)	**e** sepa con quién está tratando.
6 Reclamé	en su afán de (que)	**f** lo haga.
7 Aceptó el trabajo	con la esperanza de (que)	**g** llegar a tiempo al aeropuerto.
8 Habla		**h** me hicieran caso.

2.2.6. 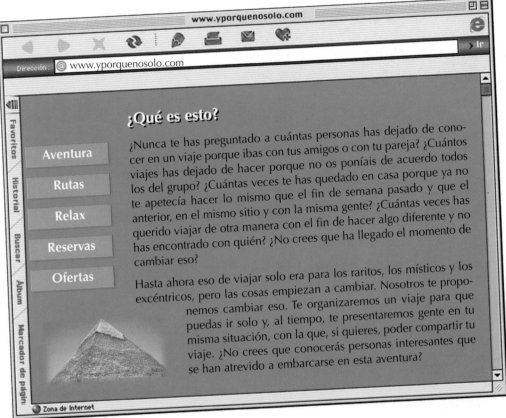 Tú también has rechazado la propuesta de Rubén y estás un poco preocupado porque le habéis dejado tirado. Navegando por Internet, encuentras la siguiente página:

www.yporquenosolo.com

Dirección: www.yporquenosolo.com

Favoritos | Historial | Buscar | Álbum | Marcador de página:

Aventura

Rutas

Relax

Reservas

Ofertas

¿Qué es esto?

¿Nunca te has preguntado a cuántas personas has dejado de conocer en un viaje porque ibas con tus amigos o con tu pareja? ¿Cuántos viajes has dejado de hacer porque no os poníais de acuerdo todos los del grupo? ¿Cuántas veces te has quedado en casa porque ya no te apetecía hacer lo mismo que el fin de semana pasado y que el anterior, en el mismo sitio y con la misma gente? ¿Cuántas veces has querido viajar de otra manera con el fin de hacer algo diferente y no has encontrado con quién? ¿No crees que ha llegado el momento de cambiar eso?

Hasta ahora eso de viajar solo era para los raritos, los místicos y los excéntricos, pero las cosas empiezan a cambiar. Nosotros te proponemos cambiar eso. Te organizaremos un viaje para que puedas ir solo y, al tiempo, te presentaremos gente en tu misma situación, con la que, si quieres, poder compartir tu viaje. ¿No crees que conocerás personas interesantes que se han atrevido a embarcarse en esta aventura?

Zona de Internet

2.2.7. Te parece una idea excelente. Solo te falta convencer a Rubén. Escríbele un correo informándole sobre lo que has leído y explicándole qué ventajas encuentras a esta forma de viajar. No olvides usar las expresiones de finalidad que has aprendido.

Para: rubencampos@hotmail.com

Querido Rubén:
Para que no te quedes sin hacer ese viaje que deseabas, con el fin de que puedas disfrutar de tus vacaciones y para que veas que pienso en ti a pesar de no poder acompañarte...

Yo viajo porque me encanta moverme. Prefiero ir acompañada, aunque no se trata de ir con alguien por ir, hay que conocer muy bien a la persona con la que viajas. Siempre salgo con muchas expectativas y con la esperanza de volver enriquecida en mis experiencias...

2.2.8. ¿Por qué, cómo y para qué viajas?

3 Chile

3.1. ¿Qué sabes de Chile? Aquí tienes algunas fotos de ese país. ¿Cómo es? ¿Qué tipo de paisaje y clima crees que tiene?

3.1.1. Ahora, piensa en lo que te sugieren esos lugares. Pueden ser palabras relacionadas con la geografía, con cosas y animales que puedes encontrar allí, etc.

1. _____

_____

2. _____

_____

3. _____

_____

4. _____

_____

5. _____

_____

6. _____

_____

3.2. 👤 ✏️ ¿Crees que es necesario un espacio geográfico grande para encontrar variedad en las formas de vida o incluso en la manera de expresarse? Piensa en tu país y en tu lengua y responde a las preguntas de abajo. Después, comenta con el resto de compañeros tus respuestas.

1. ¿Hay variedad de acentos según la región?

2. ¿Hay influencia de otras lenguas?

3. ¿Se hablan otras lenguas o dialectos?

4. ¿Hay diferencias en la forma de llamar a las cosas según una región u otra?

5. ¿Encuentras dificultades para la comunicación en algún caso? ¿Por qué?

3.2.1. 👥👤 ¿Hay diferencias en la forma de hablar, de llamar a las cosas, de comportarse entre los países de habla hispana? ¿Podrías darnos ejemplos?

3.2.2. 👤 🎧 Escucha a este grupo de amigos, que habla sobre su viaje a Chile y completa el [44] siguiente cuadro:

Lugares	Sitios de interés/animales	Comidas	Costumbres y tradiciones	Alguna anécdota
1.	Iglesia de San Francisco		El rodeo...	
2. Puerto Montt Isla de Chiloé				No dormir bien por la historia de Caleuche...
3. Parque Nacional Torres del Paine				

3.2.3. 👥 🔤 **Ya has escuchado lo que le pasó a este grupo de amigos con la palabra "polla". Como ya sabes, en todos los países de Hispanoamérica, hay palabras que tienen significados diferentes al de España. Completa el cuadro con los significados correspondientes, en España, de las siguientes palabras. Indica también si hay diferencias de registro: formal, estándar, coloquial, vulgar. El diccionario te ayudará.**

| Palabras | Chile | | España | |
	Significado	Registro	Significado	Registro
Polla	Lotería nacional	Estándar	Pene	Vulgar
Timbre	Sello postal	Estándar		
Hachazo	Resaca	Coloquial		
Chupar	Beber alcohol	Coloquial		
Roto	Maleducado	Coloquial		
Apretado	Tacaño, agarrado	Coloquial		

3.3. 👤 📖 **Los cuadernos de viajes son libros en los que se recogen experiencias personales al explorar lugares. _Patagonia Express_ es una compilación de apuntes, escritos en diferentes lugares y situaciones, del escritor chileno Luis Sepúlveda. El título del libro es un "Homenaje a un ferrocarril que, aunque ya no existe, continúa viajando en la memoria de los hombres y mujeres de la Patagonia". Lee lo que escribe el autor sobre Chiloé:**

La mayoría de los pequeños puertos y poblados de la isla de Chiloé fueron fundados por corsarios, o para defenderse de ellos, durante los siglos XVI y XVII. Corsarios o hidalgos, todos debían cruzar el estrecho de Magallanes y por lo tanto detenerse en lugares como Chonchi para **avituallarse**. De aquellos tiempos ha permanecido el carácter funcional de los edificios: todos cumplen una doble función, aunque una es la principal. Los locales sirven de bar y ferretería, bar y correo, bar y agencia de cabotaje, bar y farmacia, bar y funeraria. Entro a uno que es bar y botica veterinaria, pero un letrero colgado a la entrada asegura que cumple otra función más: TRATAMIENTO DE SARNAS Y DIARREAS ANIMALES Y HUMANAS.

Me acomodo frente a una mesa, cerca de la ventana. En las mesas vecinas juegan al "truco", un juego de **naipes** que permite toda suerte de guiños al compañero y que exige que las cartas jugadas vayan acompañadas de versos en rigurosa rima. Pido un vino.

– ¿Vino o vinito? –consulta el **mozo**.

Nací en este país, solo que un poco más al norte. Apenas dos kilómetros separan Chonchi de mi ciudad natal, y tal vez debido a mi larga ausencia de estos **confines** he olvidado ciertas importantes precisiones. Sin pensarlo insisto en que quiero beber un vino.

Al poco tiempo el mozo regresa con un enorme vaso que contiene casi un litro. No conviene olvidar los diminutivos en el sur del mundo.

CONTINÚA ····┊

Buen vino. Un "pipeño", un vino joven, ácido, áspero, agreste como la propia naturaleza que me espera más allá de la puerta. Se deja beber con **deleite** y, mientras lo hago, viene hasta mi memoria cierta historia que Bruce recordaba con especial agrado.

En un viaje de regreso de la Patagonia, y con la mochila **repleta** de Moleskín con el que fijó la materia prima de lo que más tarde se titularía *En la Patagonia*, uno de los mejores libros de viajes de todos los tiempos, Bruce pasó un día por Cucao, en la parte oriental de la isla. Llevaba hambre de varias jornadas y por esa razón deseaba comer, pero sin cargar demasiado el estómago.

– Por favor, quiero comer algo ligero –le indicó al mozo del restaurante.

Le sirvieron media pierna de cordero asada y, cuando reclamó insistiendo en que quería comer algo ligero, recibió una de esas respuestas que no admiten réplica:

– Era un cordero muy **flaco**. El señor no encontrará un **bicho** más ligero en toda la isla.

Curiosa gente esta. Y como Chiloé es la antesala de la Patagonia, aquí comienzan las bellas excentricidades que veremos o escucharemos más al sur.

Luis Sepúlveda, *Patagonia Express*

3.3.1. 👫 🔤 **Con la ayuda del diccionario y de tu compañero, sustituye las palabras en negrita por otros sinónimos que conozcas, teniendo en cuenta que funcionen por el contexto.**

3.3.2. 👤 ✏️ **Explica, usando el discurso referido, las anécdotas que les sucedieron al autor y a Bruce en la isla de Chiloé.**

3.4. 👤 ✏️ **Vas a escribir un episodio de algún viaje que realizaste a modo de "libro de viajes". Lee estas ideas sobre lo que es un diario de viajes que te ayudarán a redactarlo de forma literaria.**

Ideas para incluir en tu diario de viajes

Tu diario de viajes puede ser visto tanto como un escrito donde cuentas tu experiencia para que lo vean todos tus amigos y familiares, como un aporte a la comunidad mundial de viajeros, donde escribes tu página de la historia. ¡Tu diario de viajes es tu obra de arte personal!

Puedes incluir información del lugar que has visitado o estás visitando, datos útiles para quienes quieran ir a ese lugar, tus experiencias personales o anécdotas y, por supuesto, fotos. Un diario de viajes completo, en nuestra opinión, contendría:

- Una breve historia del lugar, su geografía y situación político-económica (un párrafo podría ser suficiente).

- El porqué has decidido visitar ese lugar (si tienes alguna razón adicional al gran "¡porque sí!" o "¿y por qué no?").

- Cuáles consideras que son las "paradas obligadas" o los lugares más importantes que un viajero no debería perderse al visitar ese lugar. De estas, cuáles te han gustado más. ¿Qué otra cosa recomiendas?

CONTINÚA ····⋮·

- ¿Dónde te has quedado a dormir? ¿Lo recomiendas o no? Otros lugares (restaurantes, museos, etc.) que hayas visitado. Si tienes favoritos, podrías incluir aproximadamente cuánto te costó y, si las tienes disponibles, las direcciones y/o teléfonos de estos lugares.

- ¿Tu arribo fue por tren, avión, autobús? Puedes contar sobre tu modo de traslado, costos, advertencias y recomendaciones.

- ¿Recomiendas llevar algo en particular? ¿Algún objeto (cámara, repelente de mosquitos, medicamentos) que te haya "salvado" o que te arrepientas de no haber llevado?

- El viaje, ¿te ha cambiado en algo? Algunos viajes nos cambian la vida. ¿Hay algún "secreto" que hayas aprendido en tu viaje y quieras compartir con todos?

- Puedes contarnos tu viaje día por día o con un texto que comprenda toda tu estancia, el diario no tiene por qué tener una estructura definida, tú eres libre de definirla y quizás la misma pueda servir de guía a otros usuarios.

También puedes escribir diarios acerca de lugares de tu país o ciudad, paseos que ningún viajero que visite tu ciudad debería perderse. El diario debe representar la esencia de donde tú vives, aquello que consideras único.

AUTOEVALUACIÓN

1. **Hablando de viajes, medios de transporte, alojamientos... escribe una frase en la que muestres tu indignación ante un aspecto relacionado con estos temas. Cuélgala en la clase y después coméntala con tus compañeros.**

....

2. **¿Por qué y para qué viajamos? Resúmelo en unas 10 líneas.**

....
....
....
....
....
....
....
....
....
....

3. **¿Qué te sugiere la palabra "río"? Escribe todas las palabras que recuerdes.**

....
....

Revisión (2)

La familia de Felipe IV o *"Las Meninas"* de Diego Velázquez, 1656

Contenidos funcionales
- Expresar opinión
- Comparar dos imágenes
- Definir, describir y valorar
- Expresar sentimientos, gustos y emociones

Contenidos gramaticales
- Verbos de opinión con indicativo/subjuntivo
- Oraciones comparativas
- *Ser* y *estar*
- *Ser + bueno, malo*
- *Estar + bien, bueno, mal, malo*
- Oraciones relativas

Contenidos léxicos
- Léxico relacionado con los museos
- Internet

Contenidos culturales
- *Las Meninas* de Diego Velázquez
- Museos estatales españoles

¡Parece un museo!

1. ¿Qué te sugieren estas palabras? ¿Cuál explica mejor la idea de un museo en Internet? ¿Estos conceptos se refieren a diferentes tipos de museos? Expón tus argumentos a tus compañeros.

> museo imaginario • museo participativo • museo virtual
> • museo digital • Internet • difusión artística

1.1. [45] Escucha la siguiente audición y comprueba si has acertado en tus apreciaciones iniciales. ¿Cuál es la diferencia entre un museo virtual y un museo digital?

2 En esta última unidad de revisión, vas a conocer algunos de los museos de España a través de la Red; analizarás uno de ellos, seleccionarás una obra y te convertirás en crítico de arte. Todo este trabajo lo recogerás en una carpeta. Esta carpeta te ayudará a presentar tu trabajo delante de todo el grupo. Al final de todas las presentaciones, compararéis la calidad de los diferentes museos virtuales que habéis visitado y seleccionaréis aquel museo que más información y mejor presentación contenga. Ahora, vamos a conocer alguno de lo museos virtuales de carácter estatal que se encuentran en España. Sigue las instrucciones de tu profesor. Para empezar, entra en la siguiente dirección. http://www.cultura.mecd.es/museos/

2.1. En esta página, encontramos diferentes museos. Seleccionad uno y navegad por su página web. A continuación, recorred las diferentes secciones que contiene y completad la ficha.

── Visita al museo ....

• Breve historia:
• Secciones de la página web:
• Salas:
• Organización:
• Exposiciones virtuales:
• Exposiciones temporales:
• Última obra adquirida:
• Actividades que ofrece:
• Conclusiones:
Valoración de los servicios que ofrece:
Valoración del museo virtual:

3. [46] Uno de los cuadros más importantes que podemos encontrar en el Museo del Prado de Madrid es *Las Meninas*. Escucha la descripción de esta obra.

3.1. 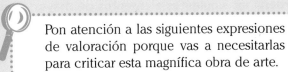 Ordena las siguientes fichas del puzle en el lienzo, según las referencias que se indican en la audición anterior.

FONDO
CENTRO PERSPECTIVO

PRIMER PLANO
PARTE CENTRAL

3.2. Comprobad si vuestras apreciaciones son correctas observando la reproducción del cuadro de la portada.

3.3. ¿Qué opinión te merece la obra?

> Pon atención a las siguientes expresiones de valoración porque vas a necesitarlas para criticar esta magnífica obra de arte.

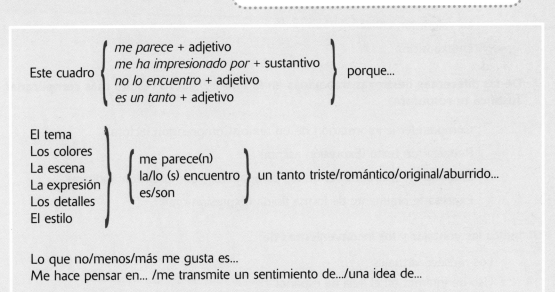

Este cuadro
- *me parece* + adjetivo
- *me ha impresionado por* + sustantivo
- *no lo encuentro* + adjetivo
- *es un tanto* + adjetivo

porque...

El tema
Los colores
La escena
La expresión
Los detalles
El estilo

- me parece(n)
- la/lo (s) encuentro
- es/son

un tanto triste/romántico/original/aburrido...

Lo que no/menos/más me gusta es...
Me hace pensar en... /me transmite un sentimiento de.../una idea de...

4. Ya conocéis cuáles son los contenidos y las secciones de los principales museos virtuales españoles. Ahora, volveréis a visitar el mismo museo que visitasteis antes para seleccionar la obra que más os haya interesado. Cuando la hayáis seleccionado, imprimiréis su imagen. http://www.cultura.mecd.es/museos

4.1. Una vez seleccionada la obra, realizaréis una crítica artística, tal y como habéis escuchado en la actividad 3 y una valoración de la misma (actividad 3.3.). En la transcripción encontraréis palabras que están en negrita y subrayadas; estas os ayudarán a realizar la crítica de vuestra obra.

4.2. Ahora, con todos los documentos que hemos ido elaborando durante este proyecto, vais a crear una carpeta en la que incluiréis:

- Un breve informe describiendo el museo en el que se encuentra la obra.
- La imagen de vuestra obra.
- La crítica artística.
- La valoración de la obra.

5. Este es el momento de demostrar todo lo que habéis trabajado. Exponed a vuestros compañeros de clase vuestro trabajo.

6. Comparad la calidad de los diferentes museos virtuales que habéis visitado y seleccionad aquel museo que más información y mejor presentación contiene.

1. Ordena los siguientes elementos de mayor a menor grado de interés y productividad en tu aprendizaje del español. Comparte con tus compañeros tus reflexiones.

- ☐ La descripción del museo
- ☐ La crítica artística
- ☐ La valoración crítica
- ☐ La exposición

2. De las diferentes destrezas trabajadas en la tarea, ¿cuál te resulta más complicada? Justifica tu respuesta.

- ☐ Comprender la información de un texto (Comprensión lectora)
- ☐ Redactar un texto (Expresión escrita)
- ☐ Entender las instrucciones de tus compañeros (Comprensión auditiva)
- ☐ Expresarte oralmente de forma fluida (Expresión oral)

3. Indica las ventajas y los inconvenientes de:

- Los museos virtuales
- Uso de Internet en el aula de español
- El arte en la clase de español
- Trabajar en grupo
- Realizar proyectos que incluyan una revisión de contenidos

1. Completa el siguiente texto con los verbos que aparecen en el recuadro en el tiempo y en la persona correcta. Puede haber más de una solución.

> toser • respirar • resultar • decir • mandar (2) • abrir • intentar • pensar
> mejorar (2) • cambiar • ayudar • gustar • hacer • fumar (2) • ser

Doctor: A ver, ¿qué síntomas tienes?

Luisa: Me duele el estómago, la cabeza y no puedo respirar bien.

Doctor: Vamos a ver que es lo que te pasa. Quiero que (1) .... la boca, (2) .... y (3) .... Bien, ahora me gustaría que me (4) .... lo que comes, si fumas y si (5) .... deporte.

Luisa: Doctor, como muchas grasas, (6) .... dos paquetes de cigarrillos al día y no me (7) .... hacer deporte.

Doctor: Te recomiendo que (8) .... de vida. Me sorprende que tú (9) .... feliz así. Sugiero que (10) .... en cambiar de dieta y te prohíbo que (11) .... tanto.

Luisa: Tiene razón, pero me (12) .... más fácil si me (13) .... con algún medicamento o dieta. Quizás con la visita a algún psicólogo.

Doctor: Por muchas medicinas que te (14) .... , tu salud no (15) .... si no pones algo de tu parte. Aunque te (16) .... el fármaco más potente, tu salud no (17) .... sin un cambio radical en tu forma de vida.

Luisa: Muy bien, doctor, lo (18) ....

Doctor: De todas formas, voy a ayudarte enviándote a la consulta de un psicólogo y de un dietista.

Luisa: Muchas gracias, doctor.

2. Ordena y construye las siguientes frases. ¿Qué tipo de oraciones resultan?:

1. Libros/caerse/nosotros ....
2. En/poder/tequila/México/buen/conseguir/se ....
3. A/los/pasaporte/se/rogar/su/pasajeros/a/mano/que/tengan ....
4. Se/nunca/una/a/en/Puerto Rico/llegar/temprano/fiesta ....
5. Bares/no/tarjeta/se/con/de/crédito/pagar/en/poder/los ....

3. Transforma las siguientes oraciones de activa a pasiva:

1. Los arquitectos terminaron los planos del museo hace dos semanas.
   ....
2. El alcalde inauguró la nueva estación de metro.
   ....
3. El presidente ha destituido a los ministros antes de las elecciones.
   ....
4. Los arqueólogos encontraron el Santo Grial.
   ....

4. Relaciona los elementos de las siguientes columnas para construir frases. Inventa otras dos más.

- Diga lo que diga
- Caiga quien caiga
- Coma lo que coma
- Haga lo que haga

- Todo me engorda
- Nunca es suficiente para mi jefe
- Nunca me escucha
- Seguiré con la investigación

Correspondencia entre el número de grabación y el número de pista del **CD 2**

🎧 Grabación	Pista		🎧 Grabación	Pista		🎧 Grabación	Pista		🎧 Grabación	Pista
[25]	1		[36]	12		[47]	23		[58]	34
[26]	2		[37]	13		[48]	24		[59]	35
[27]	3		[38]	14		[49]	25		[60]	36
[28]	4		[39]	15		[50]	26		[61]	37
[29]	5		[40]	16		[51]	27		[62]	38
[30]	6		[41]	17		[52]	28		[63]	39
[31]	7		[42]	18		[53]	29		[64]	40
[32]	8		[43]	19		[54]	30		[65]	41
[33]	9		[44]	20		[55]	31		[66]	42
[34]	10		[45]	21		[56]	32		[67]	43
[35]	11		[46]	22		[57]	33		[68]	44